調べて、伝えて、近づいて

思いを届けるレッスン

増田明美
スポーツジャーナリスト

776
中公新書ラクレ

目次

信頼関係を築き、寄り添う

一歩一歩、前へ向かって

構成／歌代幸子
本文ＤＴＰ／市川真樹子

調べて、伝えて、近づいて

思いを届けるレッスン

プロローグ

途中棄権で終わった選手生活

人生はよくマラソンにたとえられます。急な上り坂があれば、長い下り坂も続く難コースも。人は誰しも、自分という人生の、豊かで孤独な長距離ランナーなのだと思います。「受験」「就職」「転職」……と、目の前のゴールに向かってひたすら走り続けているのでしょう。それでも、うまくいくこともあれば、つまずいて転ぶこともある。ただ大事なことは、結果ではなく、一日一日を〝自分らしく〟がむしゃらに生き抜くこと。私はそう信じて、人生のマラソンロードを走り続けています。

厳しい練習に自分を追い込んで

かつて現役時代の私は、懸命に走っては倒れ、起き上がってまた走るという、まさに満身創痍の長距離ランナーでした。

子どもの頃からお転婆で負けず嫌い。『エースをねらえ！』の岡ひろみに憧れ中学校の部活動で軟式テニスを始めますが、テニスの才能はまったく無し。でも駅伝のメンバーに選ばれてトップを走る喜びを知り、陸上競技の道へ。こちらの才能はあり、高校では恩師にもライバルにも恵まれ、トラックの三〇〇〇メートル、五〇〇〇メートル、一万メートル、ロードの一〇キロ、二〇キロ、三〇キロと、すべての種目で日本記録を塗りかえて、初マラソンで日本最高記録を達成しました。天才少女なんて言われ、黄金時代でしたね。

高校を卒業して二年後、一九八四年にひかえたロサンゼルスオリンピック。この大会から女子マラソンが正式種目に採用されることが決まっており、代表の最有力候補と注目されました。オリンピック出場を確実にするため、川崎製鉄千葉の実業団チームへ入って競技生活に専念。いっそう厳しい練習に自分を追い込み、ひどい貧血にも悩まされるようになりました。記録を伸ばすには体重を落とさなければいけないと、食事も極度に制限していたからです。

そして一九歳で挑戦した大阪国際女子マラソンでは、一四・七キロ地点まで走ったところでそのまま地面に倒れ込みました。周りの声や救急車の音もはっきり聞こえるのに何も答えられず、目を開けることもできない。病院へ運ばれると、一過性の脳貧血と栄養失調と診断されたのです。

走る楽しさを教えてくれた宗兄弟

選手を続けることさえ悩んでいた私に、走る楽しさを教えてくれたのが宗兄弟でした。当時、旭化成のチームにいた宗茂さんと猛さんはオリンピック代表に茂さんが三回、猛さんが二回選ばれた、日本のトップ選手として活躍する双子のランナーです。お二人と一緒に九州の宮崎で合宿してみないかと誘いを受け、参加させてもらったのです。

南国の宮崎で練習する旭化成の選手たちは、海へ泳ぎにでも行くような短いランニングパンツと黄や赤のカラフルなユニフォーム姿。かたや私は、真夏でも減量のために長袖・長ズボンのウィンドブレーカーを着こみ、フードまでかぶる重装備。真面目な顔で黙々と走っている私に、「マラソンは先が長いんだから、〝楽しい〟と思って走っていないと最後まで続かないよ」と茂さん。猛さんは「俺、増田がカサカサ音立てて隣を走ってると、走るの嫌いになりそ～」とユーモアたっぷりに話すのでした。

練習量ははるかに多く、「さあ走るよ」とばかりに、まるでピクニックに行くような気軽さで五〇キロを完走する選手たち。夕食になると、旺盛な食欲でよく食べている姿を見ながら、私ももう一度オリンピックを目指してがんばろうと思えるようになったのです。

そして惨めな結果に終わったレースから一年、再び大阪国際女子マラソンに挑戦しました。競技場をスタートすると、「増田、倒れるなよ」「帰ってこいよ！」と観客の声援が耳に飛び込んできました。私はトップ独走で大阪の市街を駆け抜け、四〇・九キロで東ドイツのカトリン・ドーレに追い越されたものの、二位でゴール。念願のロサンゼルスオリンピック代表の切符を手に入れることができたのです。余談ですが、この時中継した関西テレビの視聴率は四〇パーセントを超えて歴代最高だそうで、今も破られていません。

それから半年間、宗兄弟と調整合宿に何度も参加しました。当時の日本の陸上界ではスポーツ科学があまり認知されていなかったので、酷暑のレース対策の研究も遅れていて、暑い土地で少しでも体を慣らすという無謀な方法でした。ニューカレドニアや宮古島、沖縄での合宿では、日中の気温が三五度まで上がる炎天下で四〇キロ、五〇キロを走りこむ過酷な練習が続きました。疲労がたまって思うように走れなくなり、焦るほどに体がついていかない。そのまま本番を迎えることになったのです。

ロサンゼルスオリンピックの記憶

一九八四年八月五日。あの日の光景は最も忘れがたく、今でも鮮明によみがえります。ロサンゼルスのオリンピックスタジアム。オリンピック史上初の女子マラソンレースが幕を開けました。世界二八か国から五〇人が参加。日本勢は佐々木七恵さんと私の二人が出場し、当時の日本最高記録（二時間三〇分三〇秒）をもつ私は最年少のランナーでした。

ピストルの号砲とともに、私は一気に先頭へ飛び出して、トップを走りました。しかし、四キロ地点で大きな集団に追い越されると、次第に離されていきました。どんどん前の選手との差が開き、九キロ地点で佐々木さんにも抜かれました。その背中を見ながら「よし、一五キロまでがんばろう」と心に念じても、懸命に練習してきたことを思うと、次々追い越されてしまう自分が惨めでならない。弱気になるほど体は重くなり、足も動かなくなっていきました。

ついに一六キロ地点で立ち止まり、レースを途中棄権してしまったのです。ひとりバスに収容されて、救護室へ。ベッドに横たわっていると、目の前にテレビがあり、ゴールのシーンが映し出されていました。優勝したのはアメリカのジョーン・ベノイト選手。圧倒的な強さで、二時間二四分五二秒という記録を生み出しました。

さらに目が釘付けになったのは、三七位でゴールしたスイスのガブリエラ・アンデルセン選手の姿です。足もとがおぼつかず、目の焦点も定まっていません。左右にゆらゆら揺れながら、一歩、一歩と足を引きずって進もうとする姿に、スタンドを埋め尽くす観衆も「ゴー！　ゴー！」と声援を送ります。彼女が手を伸ばし、すがりつくようにゴールして倒れ込んだ瞬間、大歓声が沸きおこりました。

その姿と重なり合うように、レースを断念した自分の姿が頭をよぎりました。日本中の期待を背負いながら、オリンピックの舞台で完走すらできなかった。日本に帰れないなと思いました。大きな挫折感が、その後の生き方を大きく変えていくことになります。

アメリカ留学でかけられた一言

日本へ帰国すると、辛《つら》く重苦しい日々が待ち受けていました。マスコミではレースを途中棄権したことへの非難めいた記事が目につき、あちこちでカメラを向けられます。成田空港でかけられた「非国民」という言葉が胸に刺さり、町を歩いていてもなじられているような気がして、一人、寮に閉じこもる生活が続きました。自分を責める気持ちがつのり、目標を失くした虚脱感から走る気力がなくなったのです。あの頃が人生でいちばん辛かったです。シャボン玉のように消えてしまいたい、どうしたら楽に死ねるかと考えるようになりました。

どん底の私を救ってくれたのは、全国から届いた手紙です。一〇枚ほどの便箋にそれまでの波瀾に満ちた人生を綴る七〇歳過ぎの男性は、最後に「マラソンも長いけど人生はもっと長い。元気出してください」と。また「明るさ求めて暗さ見ず」と大きな文字で書かれた葉書も。読みながら涙がこぼれて仕方ありませんでした。人は優しいですね。

それから少しずつ元気になり、実業団チームを離れて実家へ戻ったのです。これからどうすればいいのかと悩み抜き、通年スクーリングでの大学進学を決めました。子どもの頃から小学校の教員になりたかったこともあっての選択でした。学生生活は楽しかったです。ただ心の奥には吹っ切れない思いもありました。

オリンピックで棄権したまま陸上競技をやめてしまったら、私の人生もまた中途半端になってしまうのでは……と。

思い悩んでいたときに勧められたのがアメリカ留学でした。NECアメリカに駐在員として勤めながら、オレゴン大学で学べるという願ってもない話です。私は二二歳でアメリカへ留学すると、現地の陸上クラブチームで再び走り始めました。

アメリカ人、ブラジル人のチームメイトと練習するうちに気づいたのは、彼らはコーチが見ていないときほど自分を追い込み、厳しい練習メニューをこなしていること。一人ひとりが誰よりも強くなりたいという意識を持ち、自分のために走っていることでした。

私はいつも監督や周りの目を気にし、結果を出して喜んでもらいたいという一心で走っていました。「負けたくない」と闘争心は強くても、自力で強くなるという自立心が弱かったのです。あの頃、ブラジル人のコーチに言われた言葉が心に響きました。

「アケミ、よい結果というのは、自分が生きていて楽しい、ハッピーだと思わないと生まれないものだよ」

ゼロからの再起、そして引退レース

二年間のアメリカ生活から帰国すると、私はNECのチームに所属して、一人でトレーニングを始めました。まずマラソンを完走して、ゼロから再スタートしようと決意。再起をかけて目指したのはロサンゼルスオリンピックの切符をつかんだ大阪国際女子マラソンでした。レース前日の練習日誌に、〈一歩一歩の道のりに、心の垢を落としながら走りましょう。ゴールが新しいスタートだ〉と記しました。

そしてレース当日、前半は「増田さん、おかえり～」と言ってくれる女性もいて励まされました。でも中盤から足が重くなり、二〇キロを過ぎるとどんどんペースが落ちて失速。すると沿道から「増田、おまえの時代は終わったんや！」と低い声の男性のヤジが飛び、ショックで足が止まってしまいました。

頭では「ゴールが新しいスタート」とわかっているのです。でも、心が「惨めだ、逃げたい」という気持ちでいっぱいに。それから地下鉄を探して歩いたのです。宿泊していたホテルに逃げるためです。でも地下鉄が見つからず、歩き続けていたら、私を追い越す六人のランナーがいて……彼女たちは誰一人として素通りしなかったのです。私の横に並んで、再び私を走らせようと手拍子してくれる人、右肩をポンと叩いて走り去っていく人。最後、「一緒に走ろ」と声をかけてくれた人の後ろについて、私はまた走り出すことができました。そして競技場へ戻ることができたのです。順位は三〇位。完走できたことがたまらなく嬉しかったです。六人のランナーの優しさのお陰です。ゴールすることで、新しいスタートを切ることができました。

翌年、東京国際女子マラソンに出場し、日本人トップで八位に入賞。スポーツ紙に「復活」の文字が躍って嬉しかったです。その後、全日本実業団女子駅伝を機に、選手生活にピリオドを打つことを決意しました。引退レースはやはり、マラソンで終えたいと考え、一九九二年一月、大阪国際女子マラソンをラストランに。家族や友人、チームの仲間たちに見守られるなか、はずむ心でスタートを切りました。

ところが、走り始めてまもなく、足が着地する度に痛みを感じるようになりました。先頭集団についていきたいのに、痛くて五キロの制限時間をぎりぎりで通過するのが精一杯。とうとう一五キロで制限時間を超えてしまい、レースを中断しました。最後のレースも途中棄権に終わったのです。その後病院で検査を受けると、脚に七か所の疲労骨折が見つかりました。高校時代に生理が止まるなかで、きちんと治療をせずに走り続けていたことが原因でした。骨が弱くなっていたのです。

スポーツジャーナリストの道へ

一三年間の選手生活にひっそりとピリオドを打ったのは、二八歳のとき。その先の進路を悩んだ末、NECを退社することにしました。

その先に目指したのは、スポーツジャーナリストへの道でした。まずは、最後のレースを完走できなかった疲労骨折の原因を、書くことで伝えたかったのです。当時はハードな練習をしているのに、私のように食事制限をする選手が少なくありませんでした。そして生理が止まったまま病院へ行かずに走り続けている人も。警鐘を鳴らしたかったのです。また不言実行が良しとされた現役時代には言葉にできなかった思いがありました。体の中から「伝えたい」気持ちが溢《あふ》れていましたね。そして新しい世界ではきっと、いろいろな出会いもあるだろうとワクワクしました。これからは言葉を通して、がんばるスポーツ選手の魅力を伝えていきたいと思ったのです。

第二の人生もまた、走っては転んでというデコボコ道が続きますが、私なりに積み重ねてきた生きる力を、これから記していければと思います。

第1章

取材する力

——人の心を開く

マラソン解説者デビュー

最初の解説で大失敗

今でこそ「こまかすぎるマラソン解説」が代名詞となっている私ですが、実は初めてのマラソン解説では全然しゃべっていないのです。

それは引退から四ヵ月後のこと、一九九二年五月、韓国・ソウルでの国際女子駅伝でした。

レース当日は文教大学教授の梶原洋子先生がメインの解説者で、私はゲストとして呼ばれていました。あの頃の私は今みたいなキャラではなく、もっと奥ゆかしかったので、梶原先生の話の邪魔をしてはいけない、それだけが頭にあり、必死でした。「ええ」とか何げないひと言でも先生と重なっては失礼だから、と、タイミングを見ているうちにほとんどしゃべれなくて……。

大会には小出義雄監督もいらしていて、終わった後に各国の選手と中国料理を囲む食事会がありました。私はご飯も喉を通らなくて、小出さんに「お疲れさん！」とガンガンお酒を注がれて断れず飲んでいるうちに、ひっくり返ってしまいました。そのくらい緊張していたのですね。

ランナー時代はテレビのマラソン中継をいつも見ていて、解説者のコメントも注意して聞いていました。国際女子駅伝はバルセロナで走った経験があり、レース感覚も摑めていたので、軽い気持ちで引き受けてしまったのです。しかし、いざ解説者の立場になると何をどう話せばいいかわからない。解説の難しさを痛感した経験でした。

取材の原点「会いたい人に会いに行く」

そこから「取材」ということを意識するようになり、その大切さを教えられたのが作家の永六輔さんでした。

この年の一〇月から、ＴＢＳラジオのパーソナリティを担当することになり、ラジオ局で永六輔さんとお会いする機会が増えました。私は永さんのラジオ番組『土曜ワイド』が大好きで、あるときずっと不思議に感じていたことを聞いてみたのです。

「永さんのラジオを聴いていると、街の匂いが伝わってくるし、風景も立体的に浮かびあがってきます。どうしてそれが伝わるのですか？」

すると永さんは笑いながら、こう言われました。

「僕は会いたいと思う人がいたら、遠くでも会いに行っちゃう。肌で感じたことをただしゃべっているだけですよ」

私もスポーツの解説で選手のことをもっともっと伝えたいから、会いたい人がいたらまずは会いに行ってみよう――その気持ちが取材の原点になっています。

そんなときに頼まれたのが、一九九三年八月にドイツで開かれるシュツットガルト世界選手権のマラソン解説でした。日本代表として出場する松野明美さん、浅利純子さん、安部友恵さんの三人はいずれもメダルが期待される選手。この大会でテレビ中継の解説を務めることになったのです。

さっそく三人に取材の依頼をしたところ、松野さんと浅利さんはアメリカで高地合宿に入っており、安部さんは北海道で走り込んでいると聞きました。

そこで北海道を訪れ、安部さんの四〇キロ走を見学し、指導する旭化成の宗茂監督に話を聞きました。その後、熊本のニコニコドーの合宿所では、高地合宿から帰った松野さんに会いました。

私の現役時代は、真夏のレース前には暑いところで走って体を慣らすという対策で、かえって調整に失敗してしまうという苦い経験をしました。それだけにスポーツ科学にもとづくトレーニング技術の進歩を肌で感じられたのです。

〈増田さんの解説にも金メダル！〉

さらにびっくりしたのは、大阪でダイハツの寮にいる浅利さんを訪ねたときのこと。鈴木従道《つぐみち》監督が初めて導入したイメージトレーニングを取材させてもらいました。

浅利さんは静かにリラックスしているとき、大きな機械の前に座って、ヘッドフォンをつけています。「何、やっているの?」と聞くと、アルファ波が出ているかどうかを検知していると。リラックスしている状態で、自分がシュツットガルトで良い走りをしているシーンをイメージするというのです。それを夜ベッドで寝ているとき、朝起きたときにもやっている。それによって選手の潜在能力を引き出す訓練ですね。

その話がむちゃくちゃ面白くて、私も夢中になって取材しました。そして、自分もこうして知らなかったことを聞ける取材の現場が好きなのだと、心から思えたのです。

世界選手権のレース当日は日本テレビの芦沢俊美さんという優秀なアナウンサーに恵まれて、私はいっぱいしゃべりました。浅利さんが金メダルを獲って、ゴールの瞬間に立ち合えたことも感無量でした。

すると日本へ帰ってきたら、友だちの間で大騒ぎになっていたのです。レース翌日、テレビの情報番組で映画監督の大島渚さんが「浅利純子さん、金メダル。増田明美さんの解説も金メダル」と褒めてくださったそうで、私も嬉しくなっちゃって。現役時代はオリンピックで失敗したり、レースで途中棄権したり、辛い思い出ばかり。そんな私が引退後に初めて評価されたのですから、もう天にも昇るような気持ちでした。

さらに嬉しかったのは、永六輔さんが書かれた新聞のコラムでした。

〈増田さんの解説にも金メダル!〉

私にとっては、あのときが解説者として本当のスタートだった気がします。

おしゃべりの原点

　マラソン解説では選手の競技生活だけでなく、趣味や家族のことまでつい話しすぎてしまうので、いつしか「こまかすぎる解説者」と。もともと私がおしゃべりなのは、おばあちゃん譲りだと思います。

　千葉の実家は専業農家で、両親は毎朝早く起きると畑へ出かけ、夕方まで忙しく働いていました。幼い頃から祖母に背負われて育った私は、〝おばあちゃんっ子〟でした。

　祖母はどこかハイカラで、言葉遣いのきれいな人。戦死した夫（私の祖父）が海軍兵士で呉や横浜で共に過ごした経験なども影響していたのでしょう。小柄な身体ではつらつと元気に動きまわっていて、私はよく「おばあちゃん似だね」と言われたものです。

　毎日、保育園から帰ってくると、祖母は私を連れて近所の家へお茶を飲みに行きます。どこもおうちが広くて縁側があるので、近所のおじいちゃんやおばあちゃんたちが集まって、一時間くらい飽きることなくずっとしゃべっているのです。

なかでもうちの祖母はおしゃべりだから、隣のおじいちゃんはよく笑っていました。

「君江さんは人がしゃべっているときでも口がパクパク動いてるよ」と。

幼いながらも、〝うちのおばあちゃん、恥ずかしいな〟ともじもじしていたけれど、やはり私もそんなところをしっかり受け継いでいるのだと思います。

なにしろ家で食事をしていても、祖母は常に身体が揺れているのです。誰かが話していると、自分もいつ会話に入ろうか、入ろうかと落ち着きがありません。近所の人たちも似たようなもので、一人の話が途切れるとすかさず誰かが入ってくる。それはきっと、誰もが一人ひとりの生活に興味を持っていたからでしょう。

「今日は何していたの？」「明日は何やるの？」「あそこのおうちの猫は元気？」とか、田舎の暮らしではお互い何かと気になるもの。それが良いことも、悪いことも両面あるけれど、気にかけることは相手への思いやりでもあります。私も子どもの頃からおばあちゃんたちの会話の輪にいたので、自然とそういう感性が身についたような気がします。

現役時代、練習日誌に書き記した思い

それでも、あまりにおしゃべりが過ぎて、高校時代には陸上部の監督に「口に蓋をしなさい」とたしなめられたこともありました。

私は千葉県下でも陸上競技に力を入れている名門の成田高校へ進み、滝田詔生《つぐお》監督の自宅の離れに下宿していました。六畳一間の部屋で生活し、その部屋を次に使ったのが、室伏広治さん（スポーツ庁長官）であることが誇りです。

高校一年生の夏、滋賀県でのインターハイに出たとき、中学時代の友だちが応援に来てくれました。嬉しくてウォーミングアップまでずっとおしゃべりしていたら、肝心のレースで力が抜けてしまい、予選落ち。決勝に進めなくてすっかり落ち込んでいました。すると、帰りの車の中で滝田監督に「ほんとうに日本一になりたかったら、口に蓋をしなさい」と言われたのです。しゃべりたいのをぐっとこらえて、その鬱憤をピストル

が鳴ったときに爆発させようと。監督の言葉に、もっともだと納得しました。それ以来、私は「自分ノート」をつくり、書くことでストレスを発散するようになりました。

もともと陸上部に入ってからは、毎日、練習日誌をつけることが習慣になっています。最初は練習の感想や反省点を記し、監督から注意されたことも忘れないようにメモしていましたが、そのうち心の中で思っていることも洗いざらい書くようになりました。

〈絶対、負けるもんか!〉〈今に見ていろ!〉

あの頃の練習日誌には、同じ言葉が何度も繰り返されています。ライバルや監督への激しい闘志、それは誰にも言えないことでした。

一〇代半ばから家族と離れ、監督のもとでの下宿生活は気苦労が多かったです。あまりしゃべらない日常生活を送っていたので、ストレスもいっぱい溜まっていく。それをノートに吐き出すことで、自分の心のバランスが何とかとれていました。

選手時代には監督やチームの仲間にも話せない悩みや葛藤があります。それがわかるので、自分が取材する立場になったとき、できるだけ選手とも気兼ねなくおしゃべりするようにしました。そのなかで彼女たちが心に抱えている思いも受けとめたいと思っています。

信頼関係を築き、寄り添う

選手は何をいちばん伝えてほしいのか？

マラソンや駅伝の解説を頼まれると、レース当日だけでなく、選手が練習する現場から取材を始めます。レース本番は、当日の天気やコースの状態などさまざまな要因によって展開が変わりますが、スタートに立つまでのコンディショニングが勝敗の決め手になるからです。

マラソンの場合はわかりやすくお話しすると、だいたい四ヵ月くらい前から「走り込み」練習に入り、一ヵ月半から二ヵ月半ほどの間に四〇～五〇キロの長距離走を重ねます。続いて「スピード練習」に移り、ビルドアップのペース走や一〇〇〇メートルのインターバル走など短い距離でペースアップをはかり、最後の二週間ほどは「バネをためる」ように緩急をつけたトレーニングで調整します。

レース本番で力を発揮する選手のほとんどは、それまでのトレーニングで体得した技術や身体能力、精神面も含めて、コンディションを上手に調節できているのです。

さらに私がマラソン解説するうえで考えたのは、「選手は何をいちばん伝えてほしいのか？」ということでした。

現役のランナー時代、私は大会前に放送局からアンケート用紙が配られると、その「趣味」の欄を丁寧に記入しました。ただ「足の速い人」とだけ見られるのでは、あまりに悲しく思えたからです。「趣味は読書。なかでも歴史書です」と書くことで、「なぜ読書なのか、なぜ歴史書なのか」と、選手の人間性にもふれるようなコメントをしてほしいと思っていました。

自分が取材する側になってからは、趣味の話や家族のこと、ときには恋愛の悩みまで聞きます。そうした会話ができるようになるまでは、選手との信頼関係を築いていくことが欠かせません。

そのためレース前だけに限らず、仕事の合間をぬっては各チームの寮や練習場、合宿所を訪ね、監督やコーチにもよく会います。競技に集中している選手はなかなか自分のことを話せないもの。そうした選手を周りで支える人たちから話を聞くことで、また違う一面も見えてくるからです。

口調や言葉遣いを相手に合わせて

私がよく行っていたのは実業団チームの夏合宿と冬合宿で、夏は北海道、冬は徳之島や宮崎などで行われます。大会前は選手も緊張しているし、他の記者がたくさん来ていて落ち着きませんが、夏や冬の合宿では私一人なのでじっくり取材できるのです。

朝練習の前にストレッチをしているときや、ジョックなど軽い練習のときに「どう体調は？」「よく眠れた？」などとちょっと声をかけて、練習の調子を見守ります。あとは、お昼ご飯を一緒に食べるとか、お昼休みや練習後など余裕のあるときを見計らって話を聞くようにしました。

選手がリラックスしているときは競技のことだけでなく、オフタイムの過ごし方も聞いてみます。おしゃれな選手なら「どんな色が好きなの？」「今はネイルアートしてないけど、理由があるのかしら」とか、ファッションやメイクのことを教えてもらったり、家族思いの選手なら「おばあちゃんっ子だったの？」と聞いてみたり。選手である前に一人の女性であると思っているので、私自身も同じ立場で興味あることをどんどん聞いてしまいます。

もちろん選手によりけりで、あちらから寄ってきてくれる人もいれば、他人とは距離を置きたい選手もいるので、取材者としてのスタンスには配慮します。私も駆け出しの頃は二〇代だったので、選手とは姉妹のような感覚があったけれど、年齢が離れるほどに距離感は変わってきています。

さらに言葉遣いも、選手の個性に合わせるようにしています。たとえば三井住友海上の渋井陽子さんやワコールの福士加代子さんなどは、先生のような丁寧な言葉遣いで取材されるのが苦手なようでした。こちらが「ええ、そうですよね」「そこでどうされましたか?」などと丁寧語で話しかけると距離ができてしまう。だから私も、「あっ、渋ちゃん、元気?」と、お友だちとしゃべっているような口調で声をかけています。

それでも渋井さんは照れ屋さんだから、最初の頃は一対一ではしゃべりにくそうでした。そんなときは同じチームで先輩の土佐礼子さんに、「ねえ、土佐さんも一緒に」と声をかけてみる。すると、土佐さんもふだんは大人しいけれど、渋ちゃんと一緒にいると楽しそうで、三人でわいわい話が盛り上がるのです。私のペンもすいすい走りました。

選手の思いをくみ取るためには、それぞれの個性に合わせて話を聞く姿勢が大切。時間が許す限り、彼女たちが練習する現場へ足を運び、どんな人なのかしら？　とまず相手を知ることから始めてきました。

監督からいかに話を聞き出すか

選手への取材には自分の現役時代の経験が活かされますが、監督への取材は一筋縄ではいかない苦労もあります。監督としてはチームの選手を守ることが最優先なので、試合前はことにマスコミへの対応に慎重になるからです。

最初の頃は私も解説者としては新米です。マラソンでは成功していないという負い目もあったので、とにかく謙虚に「いろいろ勉強させてください！」とお願いしました。体育会系の世界ですから、陸上界の大先輩でもある監督への挨拶や言葉遣いには細心の気遣いをしていましたね。

監督たちはよく、「カメラがある取材」と「ペンだけで来る取材」という言い方をします。テレビカメラの収録があると大がかりで、選手もステキに映りたいから気を遣って疲れてしまう。だから、監督にはテレビの取材は敬遠されがちです。

私はペンとノートだけ持って、一人で行くのが基本。最初の頃は時間の余裕もあったから本当によく取材に行っていました。回数を重ねるほど監督とも親しくなれるので、とても楽しかったですね。

監督としても一生懸命に話を聞いてくれるのは嬉しいようです。その後はだいたい「ちょっとご飯を食べに行こう」と。その場ではお酒を飲みながら、ざっくばらんに話せる雰囲気になります。やっぱり昭和世代の監督たちはシャイでちょっと照れ屋さんだから、お酒が入ると仕事の緊張もほぐれるようです。私も一緒にビールを飲めたのが良かったのかもしれません。

キーマンを探せ

スポーツの指導者は職人気質の人が多く、寡黙でなかなか話してもらえないというケースもあります。そういうときはコーチやトレーナーとか、傍らでサポートするスタッフに話を聞きます。

やはり相性もあるので、どうしても緊張する指導者に会いに行くときは、マネージャーをしてくれている夫に一緒に来てもらうことも。男同士のほうが話しやすいこともありますからね。ワコールのチームへ行くとき、夫はとても頼もしい存在でした。福士加代子さんらを指導する永山忠幸監督（現、資生堂専任コーチ）とは同じ熊本出身で、夫がいると、よくしゃべってくださるのです。私もまだまだ大人になり切れていないところがあるので、永山さんがなかなか取材に応じてくれないときはすごく落ち込んだり、あれこれ悩んだりしながら何とかやってきた感じです。でも基本、永山さんは、とってもチャーミングな方です。

取材の糸口が摑めないときの裏技としては、キーマンを見つけることもあります。

たとえば福士加代子さんの取材では、いちばん話を聞いたのが親友の瀬川麻衣子さんです。二人は青森の五所川原工業高校の同級生で、もともとソフトボールをやっていた福士さんを陸上部に誘ったのが麻衣ちゃんでした。いわば「長距離の女王、福士加代子の生みの親」です。誰よりも福士さんを応援している親友で、大きな大会はもちろんのこと、合宿先にもよく顔を出していました。麻衣ちゃんが精神的な支えになっていることを、永山監督も認めていて、信頼が厚かったのです。

麻衣ちゃんは現在関東に住んでいますが、私が「福士さんのご家族に会いたい」と言うと、一緒に故郷の五所川原市へ帰ってくれました。麻衣ちゃんのご実家は飲食店で、そこに福士さんのご両親を呼んでくれて、一緒に夕食を食べながら子どもの頃の話をたっぷり聞かせてもらいました。高校のグラウンドや部室も案内してくれたうえに、恩師の先生ともお食事することができたのです。福士さんは恩師の安田信昭先生に「苦しいときに笑える選手になりなさい」と最初に教えられました。それが彼女の原点になっています。いつもニコニコしているから後輩たちからも人気なんです。

合宿先での取材といえば、海外へもあちこち行きましたね。スイスのサンモリッツ、アメリカのボルダー、ニュージーランドのクライストチャーチ、中国の昆明や麗江……。もちろん交通費や滞在費等の取材費は自前ですから大変さもありましたが、現地では監督たちも「こんな遠くまでよく来てくれたね」と快く受けいれてくださり、歓迎してくれました。監督たちの懐の深さのお陰ですね。

私にとっては旅も兼ねていて、今では懐かしい思い出になっています。

ニックネームに込めた思い

マラソン解説でどうしたら選手に興味を持ってもらえるかしらと考えたとき、ニックネームをつけちゃうのがいちばん良いのではと思いつきました。

テレビの視聴者に、少しでも選手の走りを見てほしい、いかに頑張ってきたかを知ってほしいと思う。だから、ニックネームというよりは、興味を持ってもらうための「キャッチフレーズ」という感じですね。

取材を重ねるなかで、競技への姿勢や選手の人柄が見えてきます。ニックネームをつけるときのポイントは、競技者としてすごいところと人として素敵なところを表現すること。解説でもその両方を伝えられるように努めています。２０２０東京オリンピックの切符をかけた一発勝負のレースＭＧＣ（マラソングランドチャンピオンシップ）では、参加資格をクリアした挑戦者全員にキャッチフレーズをつけましたよ。

もちろん、見事日本代表になった女子マラソンの三選手にも。「野性のプリンセス」と名づけたのは、一山麻緒さんです。野性を感じさせる伸びやかな走りと、ちょっとプリンセスのような華もある選手。同じチームには「クイーン（女王）」の福士加代子さんがいて、先輩の背中を追ってきたこともその名の由来です。豹《ひょう》のようにしなやかな動きでハードなトレーニングに挑む姿に、底知れぬ強さを感じました。

とても印象的だったのは、一山さんが入社二年目、練習の一環として出場した全日本実業団陸上に出場したときのことです。初日の午後にジュニア三〇〇〇メートルを走って優勝。その約二時間後に五〇〇〇メートルに出場して五位、さらに二日後の一万メートルでは二位に。あのときの激走ぶりには驚きました。

オリンピック代表を狙って臨んだのは、二〇二〇年三月の名古屋ウィメンズマラソンでした。すでにMGCで二名選ばれ、残り一枠を決める最後のレース。朝から大雨で、順位だけでなく、二時間二一分四七秒を切ることが条件となっている選手たちは気の毒だと思いました。

ところが、そんな厳しい条件のもとで、ケニア、エチオピアの選手を置き去りにして、二時間二〇分二九秒で優勝したのです。

レース後、「三〇キロからの一人旅はどうだった？」と尋ねると、「レース中、苦しいときが一度もなかったです」とにっこり。「（永山監督の）鬼メニュー」という厳しい練習を確実にこなした強さなのだと思いました。監督も「一山はラストシンデレラ（MGCの後の選考大会で決まる、最後の一人）だから、気楽にいきますよ」と、頼もしく見守っているようでした。

お気に入りニックネーム「ど根性フラミンゴ」

東京オリンピックは一年延期になったことで、選手も監督もモチベーションを維持するのがいかに大変かということを痛感しました。オリンピック開催についても色々な声が聞こえてくるなか、ぶれることなく目標へ向かうタフさも求められます。

足が抜群に長く、ＭＧＣでも勇気ある独走の走りで最初にゴールへ飛び込んだのは、天満屋の前田穂南さんです。私は「ど根性フラミンゴ」とニックネームをつけました。

というのも、今どきの女性らしい長い足でフォームもきれいな前田さんですが、昭和の修行僧みたいな練習をこなすのです。泥臭い練習を黙々とこなせるところが、「ど根性」。そして、フラミンゴというのは、私が子どもの頃に千葉の行川《なめがわ》アイランドで見たフラミンゴ・ショーのイメージがありました。

ピンク色のフラミンゴが集団になって、池を飛んでいる美しい光景です。天満屋の選手たちのユニフォームの色はピンク。チームの特徴は、週の半分以上の朝練習を早いペースで集団で行い、皆が刺激し合いながら強くなっていること。前田さんを見ていて、フラミンゴだとひらめきました。おそるおそる本人にニックネームの感想を聞くと、「結構気に入っています」とにっこり。嬉しかったです。

天満屋チームは例年、アメリカのアルバカーキで高地合宿を行い、前田さんは朝に晩にトレイル（未舗装の山道）を走っていました。彼女はトレイルが好きで、それによって体幹が鍛えられたといいます。しかし、コロナ禍で海外へ行けなくなったため国内で走り込み、ハードルを使っての練習やさまざまな補強運動を行ってきました。

東京オリンピックの延期でモチベーションを保つのは大変だったと思いますが、自粛期間中も「長距離選手は道路や河川敷も走れるし、他の競技と比べると支障がないほうですよ」と武冨豊監督。前田さんも黙々と走り続け、ますます力をつけていたのです。

「ど根性フラミンゴ」にとって東京オリンピックは、スタートラインに着くまでも含め最高に長いマラソンだったと思います。前田さんはオリンピック前に足を故障してしまいましたが、よくゴールに辿り着きました。

中学時代から取材した鈴木亜由子選手

女子マラソン代表三人の中でも付き合いが最も長いのは、日本郵政グループの鈴木亜由子さんです。

中学時代、彼女はバスケットボール部にいながら陸上も強くて、女子長距離の有力選手と期待されていました。中三のとき、香川県の丸亀で開催された全日本中学校陸上競技選手権大会に出場して、一五〇〇メートルで優勝。実はその前日、八〇〇メートルでトップを走っていたのにゴール手前で転倒し、優勝を逃していたのです。悔しさをバネにする見事な走りを、取材で訪れていた私は目の当たりにしました。その頃からずっと彼女のことが気になっていたのです。

高校時代は足を痛めて手術を受けるなど不調もあり、遠目に見ていましたが、名古屋大学へ進むと、男子と一緒に練習している様子も伝わってきました。私が豊橋のハーフマラソンにゲストで呼ばれたときに一緒に大会を盛り上げ、ご自宅へも招かれました。おばあちゃんの作る五平餅、お父さんの伸幸さん手作りの八丁味噌のおでんがとっても美味しかったです。亜由子さんの実家はお米屋さんで、私は農家なので、家族がいつも一緒に食卓を囲むところなど家庭の雰囲気も似ているのです。お父さんとお母さんは自分たちを「親バカで」と言いながら、ほぼ全部の大会を見に行ったり、応援のメールを送ったり、炊き立てのご飯のように温かい家族なのです。

亜由子さんは高橋昌彦監督率いる日本郵政グループチームへ入り、その後も大活躍。初マラソンの北海道で優勝した彼女は、東京オリンピック代表選考レースとなるＭＧＣの出場権を獲得。そのとき私がつけたニックネームは「おとぼけ秀才ランナー」です。

亜由子さんは名古屋大卒の才女ですが、いろんなところでおっちょこちょいというか、私も「えっ！」と驚くくらい天然なところがあるのです。

たとえば、都道府県女子駅伝のレース前もウォーミングアップで走っていて迷子になり、帰って来られなくなってしまい……。タクシーの運転手さんに道を聞いて、ぎりぎり間に合ったそうなのです。そのレースでは愛知県チームのアンカーを務め、初優勝を達成。集中力がすごくて、本番に一二〇パーセントの力を出せる選手です。

コロナ禍で目標となる大会が中止や延期されるなか、私は選手たちの様子を案じて、髙橋昌彦監督に電話しました。すると髙橋さんは「今は心のスタミナをつけるときですよ」といわれ、「中学・高校からトップを走ってきた選手もいますので、大会から解放されたことで選手寿命が延びると考えます」と。ウルトラ前向きでしたね。

ご自身はこの間に本をたくさん読んでいるそうで、ナチス強制収容所での体験をヴィクトール・フランクルという心理学者が記した『夜と霧』を読み、目的と希望を失わない大切さをあらためて感じたといいます。また、脳科学者が書いた『10代の脳』は、若い選手の心理を理解するうえで役立ったと話していました。

そしてあの頃、亜由子さんが読んでいたのは、『能に学ぶ「和」の呼吸法』。心を育てる貴重な時間になっているのだと感じました。

選手の後ろには家族がいる

東京オリンピックの二ヵ月前、北海道での合宿先を訪問。その日、亜由子さんは本番に合わせて、朝七時にスタートし、四〇キロ走を走り込んだところでした。「いい感じで走れましたよ」と話す監督の隣で、本人も満足そうな表情です。

大会が一年延期されたことで、怪我を完全に治すことができ、走る練習に加えて自転車によるトレーニングで追い込んだことで、心肺機能と太もも、上半身の筋力が強化できたそうです。まるでドイツの森の中にいるような自然豊かな環境も合っていたのでしょう。とても生き生きとしていて安心しました。

そこで私は亜由子さんと同じ黒ニンニクを食べていることを伝えました。彼女の母方の祖母・千枝子さんが畑でニンニクを作り、父方の祖母・佳美さんが熟成させた黒ニンニクを、ご家族を訪ねたときにいただいたのです。隣で私の夫が「明美さんが元気になりすぎて困っています」と話すと、亜由子さんが爆笑。「ますます元気になってくださいね」と逆に激励されました。

千枝子さんは毎日、地元の岩屋山（標高一〇六メートル）に登り、孫の亜由子さんの健康を祈願しています。八〇代半ばの千枝子さんは足が悪いので、杖をつきながら砂利道もある山道を歩いていくのです。岩屋観音にお参りし、毎日十円をお賽銭していたけれど、大会が近づいてきたら百円に替えたとか。すごくお茶目で面白いおばあちゃんなのです。

二人のおばあちゃんは短歌もたしなんでいます。千枝子さんがレース前に詠んだのは、〈祈れるもの全て祈りしマラソンを走る亜由子の朝を迎える〉

こうしたおばあちゃんの気持ちが亜由子さんの原動力になっているのです。

私も現役時代には、千葉にいる祖母が近くの清水寺へよくお参りに行ってくれたものでした。うちのおばあちゃんは、私がオリンピックで途中棄権したときや、大阪国際のレースで倒れたところも見ていたので、マラソンをテレビで見るのが怖くなってしまったのです。だから、レース中、無事を祈る気持ちでお参りしてくれていました。

家族がいつも見守っていてくれるから、競技を続ける力になっているのでしょう。私はマラソン解説をするとき、選手の後ろに家族がいることを忘れません。

記者会見、補欠選手の涙

オリンピックのマラソン代表に選ばれるのは男女三人ずつ。挑戦する選手たちは皆、懸命に練習してきたことがわかるだけに、選考後はさまざまな思いが去来します。その渦中で心惹かれたのは、補欠に選ばれたダイハツの松田瑞生《みずき》さんでした。

二〇二〇年の三月一一日、東京オリンピックのマラソン代表選手たちが福島県へ集合しました。福島は一九六四年の東京オリンピックのマラソンで銅メダルを獲った円谷幸吉さんの郷里です。瀬古利彦リーダーの声かけによって、円谷さんの墓前へ。瀬古さんは「日本のマラソンのブームは円谷さんのメダルから。五六年ぶりの母国開催になり、選手を応援してくださいと祈りました」と挨拶され、選手たちと一緒にお参りしました。

翌日、郡山市内のホテルで記者会見が開かれ、私も取材に行きました。その席に並んだのは、男子選手は服部勇馬さん一人だけ。コロナ禍で、所属する会社などの事情もあったのでしょう。女子選手は三人揃い、補欠の松田瑞生さんも来ていたのです。

マスコミ各社が揃う共同記者会見で、選手一人ひとりへのインタビューが終わった後、質問の時間になります。私は代表選手たちと並んでいる松田さんのことが気がかりだったので、真っ先に伝えたかったことを彼女に話しました。

「瑞生ちゃん、偉いね。よく来たね」

すると、瑞生さんは泣いてしまったのです。しばらく言葉に詰まり、こう言いました。

「ほんとは来たくなかったんです……」と。

私も胸が熱くなって、一緒に泣いてしまいました。彼女はオリンピック代表として走りたかったけれど、その夢が叶わなかった。補欠に選ばれても無念な思いは変わらず、記者会見に出るのはどれほど辛かったことでしょう。

会見が終わった後、山中美和子監督と三人でいろいろ話し、瑞生さんに伝えました。

「瑞生ちゃん、あなたは本当に正直ね。これからまだ何があるかわからないから、そのときは補欠の仕事を果たしてね。応援しています」

あのときに心が少し通えたかなと思いました。自分の気持ちを素直に語る瑞生さんは魅力的な女性です。

誰かの靴を履く

私自身を振り返れば、現役時代にはいつも自分の思いを押し殺し、悲壮感が漂う選手だったと思います。最後のレースが途中棄権に終わったときも、足の痛みがあったことを言えず、マスコミには「精神的な弱さが原因」と受け取られて辛い気持ちになりました。

スポーツ中継ではやはり強い選手が注目されますが、レース本番には何が起きるかわかりません。実力を発揮できないまま失速してしまったり、足の故障で走れなくなったり、苦境に立たされた選手たちの姿も見てきました。

だけど私も取材する立場になると、どうしても話を聞かなければいけないときがあります。

そんなときはただ目の前の選手に寄り添います。「こんな怪我をしているのに、よくがんばっているよね」、「足が痛くて、辛いでしょう」と声をかけ、スランプの選手には「お疲れさま、今は階段の踊り場ね」と言うときもあります。私も怪我や失敗を幾度も経験しているので、ただ寄り添うことを心がけます。できるだけ選手の気持ちを聞いてあげたいのですね。

あるとき新聞を読んでいて、そのヒントになる言葉を見つけました。大阪の池田小学校で起きた事件を長年にわたり取材している記者が書いた文章が載っていて、その人も子どもを亡くした親から話を聞くのがすごく辛いのだと。そういうときには「誰かの靴を履く」という気持ちで取材をするという話でした。

いかに相手の立場になって考えようとしても、その人にはなれないし、ましてや子どもを亡くした親の気持ちは本人でなければわからない。だから、その人の靴を履くような気持ちで向き合うことが大事なのだと、私も考えさせられました。

松田瑞生さんが記者会見で語ったことはニュースで流れてしまい、私もずっと気にしていたのですが、彼女は見事にすべてをバネにしましたね。

翌年三月の名古屋ウィメンズマラソンに出場して、二時間二一分五一秒の好記録で優勝しました。レースは前半から強い向かい風のなか、速いペースを刻みます。さらに三〇キロからの一人旅、ときには風速一〇メートル以上の風の中をよくがんばりました。レース後の記者会見では、「風と友だちになろうと思いましたが、風が強すぎてなれませんでした」と周りの笑いを誘います。「粘って、粘って、粘りきった感じです」と松田さん。それができたのも、宮崎での月間一四〇〇キロメートルの走り込みによる脚の強さでしょう。山中監督は月間一〇〇〇キロメートルのメニューを作りましたが、瑞生さんはジョギングなどを多くして、四〇〇キロも増やしたそう。足だけでなく、腹筋や胸、腕についた細かい筋肉がその練習量を物語っていました。

お母さんの明美さんは鍼灸師で、瑞生さんの体の調整をしながら支えてきました。レース当日は自宅でテレビ観戦をしながら静かに見守っていたそうです。ゴール後、瑞生さんは、お母さんの明美さんに「突風やった。大変だった」と電話で話し、お母さんは「瑞生、最強の補欠やで」と、娘の健闘を讃えました。

松田さんの力走は、日本代表選手に大きなエールを送ったと思います。

スポーツライターの心得

第一歩は新聞エッセイから始まった

これまではマラソン解説についてお伝えしましたが、私はスポーツライターとして原稿を書く仕事をずっと続けてきました。

最初のきっかけは、現役引退後間もない頃にさかのぼります。自分の行く先を考えていたときに、「選手時代の気持ちを素直に文章に書いてみよう」と思ったことが始まりです。最後の大阪のレースで伝えられなかった心境をエッセイに綴り、知り合いの共同通信の記者に見てもらいました。

すると、思いがけず新聞に掲載されることに。それが好評だったことから、月に一度、「エッセイを書いてみないか」と声をかけられたのです。

「スポーツ随想」と名づけられたエッセイの一回目(一九九二年四月二三日)では、スポーツライターとしての意気込みを記しています。

〈スポーツ選手の率直な気持ちを、自分の体験を通して伝えていきたいと思う〉

その一回目に、私が書いたテーマは「二人の『明美』」。それは現役時代にマラソンランナーとしてともに競い合ったもう一人の「明美」、松野明美さんとの出会いを描いたものでした。

松野さんを最初に知ったのは、さかのぼる一九八七年、全日本実業団女子駅伝に出場したときのことです。

それまで自分より小さなランナーを見たことがなく、ニコニコドーのショッキングピンクのあんなに派手なユニフォームを見たのも初めてでした。一瞬、沿道の小学生が飛び出してきたのかと思ったほどです。背中にゼッケンを確認したときはショックで、腕を振る度に盛り上がる肩甲骨がナンバーをひずませ、後ろを走る私をあざけっているようにも見えたのです。

当時、NECのチームで出場し、区間で七人抜きをしていた私の横を、彼女は独楽《こま》鼠《ねずみ》のようにすり抜けていきました。あのときの心境をこう綴りました。

〈あまりに強烈な出会いだった。「たった三三キロの体、長くは続かないだろう」という安どもあったが、数ヵ月後に1万メートルの日本記録を破られたときは、初めて「打ちのめされる」という言葉の意味を実感した。「こんな選手が現れたことを喜ばなきゃ

いけない。もっと大人になろう」という思いと、「主役は私なのよ」という思いがしばらく絡みあい、私を悩ませた〉

日本のトップランナーとして注目されてきた私にとって、松野さんは突然目の前に現れたライバル。負けん気の強い私はひどく動揺したことを鮮明におぼえています。

その後、バルセロナ国際駅伝に二人揃って選ばれ、現地での一週間は同じ宿舎で生活をともにしました。走ることにかける彼女のあまりのひたむきさに、私もなぜか泣きたい気持ちになったものです。

試合が終わったオフタイムには、一緒に革ジャンを買いに行きました。けれど、私より小柄な彼女に合うサイズがなく、どうにか探して着てみたら、まるで魔法使いサリーちゃんの人形みたい。その姿を見た私は店内で笑いころげ、松野さんも「もおーっ!!」と怒りながら、顔をくしゃくしゃにして泣き笑い。心の底から「松野さんが好きだ」と思えた出来事でした。

その後、私は引退を決意しましたが、なお現役ランナーとして走り続ける松野さんへの思いを、エッセイの最後にしたためました。

〈心機一転、焦らずに一歩一歩がんばってほしい。私も応援したい〉

今思えば、スポーツライターとして新たな一歩を踏み出した自分を鼓舞する応援メッセージでもあったような気がします。

そして、その後スポーツの現場で出会う選手たちにもそんな気持ちで接し、取材に取り組んできました。

取材相手はとことん調べる

走り続ける選手たちを追うなかで、時代とともに変わりゆくスポーツ界の現状も見えてきます。スポーツライターとして、できるだけ冷静な視点からその現状を捉えていきたいと思いました。

新聞で始まったエッセイでは「コーチにしてほしい気配り」「女子選手の恋愛」「身近にライバルがいる効果」「最新の練習方法より自分に合った環境を」「選手とスタッフの信頼関係」など、取材を通して気づいた問題や意見を率直に投げかけてきました。

私が現役で走っていた時代と比べると、トレーニング法や栄養管理など、スポーツ科学にもとづく練習環境ははるかに進歩しています。

そこでは選手自身のモチベーションも大きくかかわります。目標に向かって挑戦する意欲が高く、監督やチームのためではなく、自分自身の存在や可能性を確かめるために走る。それが周囲のプレッシャーをはねのけて、世界の舞台へ挑んでいく選手たちの精神的な強さにつながっているのです。

そうした現場をより深く取材するためには、事前の情報収集がとても大切です。選手の競技データはもちろんのこと、スポーツ科学の文献や気になる最新資料はチェックしています。そして、監督やコーチなど取材先で関わる相手のこともとことん調べてから、取材に行きます。

周りの情報収集も怠らないことが、取材の鉄則。これはマラソン解説やスポーツ記事の仕事に限らず、必ず心がけていることです。

テレビのバラエティ番組などに出るときも、ゲストの人たちのことは全員調べていきます。たとえば、私が出演している市民ランナー向けの番組『ランスマ倶楽部』(NHKBS1)で、お笑いコンビ「Wエンジン」のチャンカワイさんがゲストの回がありました。私は初めてお会いするので、趣味を調べたところ「剣道三段」と。番組ではさっそく「剣道、やっていましたよね」と突っ込んでみました。

東京パラリンピックのときも、パラを盛り上げるため、スポーツ番組にお笑い芸人さんがよく出てくれました。私も千鳥さんがMCを務める番組に、女子マラソンの道下美里さんと一緒に呼ばれたことがありました。千鳥の大悟さんとノブさんのことを調べると、ノブさんの実家の庭にはカヤの巨木があって、天然記念物に指定されていることを知りました。だから、番組の中で「おうちに天然記念物の木があるんですか」と聞いてみたら、「えー、なんで知ってんの?」とすごく盛り上がりました。

テレビの仕事では初対面の人との共演が多いので、ムード作りがとても大切です。そのためにも面白い小ネタを調べておくことは欠かせません。

これは余談ですが、『ランスマ倶楽部』で共演した井上咲楽《さくら》ちゃんはとても魅力的です。彼女は選挙戦が大好きで、その時期になると、夜行バスに乗ってどこへでも出かけ、地方での選挙演説を聞きに行くそうです。いつもノートを持ち歩き、気になることがあると書き留めるのだとか。「いろいろ学びたいから」という彼女は、大変好奇心が旺盛なのです。選挙演説では通りすがりの人の心を捉えるような話し方をしなければならないので、勉強になりますよね。だから咲楽ちゃんはお話が上手なのでしょう。

調べるといえば、私はパラリンピック競技への支援を得るため、スポンサー企業を訪ねることもあります。そういうときも、その企業がどんな商品を作っているか、どのようなサービスを展開しているのかなど、事前にできる限り調べます。株式会社明治では松田克也社長にお会いすることができたので、「皆さんに長く愛される『きのこの山』が私の目標です」とお話ししたら、とても喜んでくださいました。支援も継続されて感謝しています。

ちょっと話が逸れてしまいましたが、スポーツ選手の取材をするときも、その選手に興味を持って事前に調べることから始めます。地方の大会などを取材するときの情報収集に役立つのは、何といっても地元の新聞です。

岡山の天満屋チームを取材するときは山陽新聞とか、男子マラソンの服部勇馬さんの取材では郷里の新潟日報が役立ちました。地元紙は郷里の選手にすごく密着しているので、選手への思いも強く良い記事が多いのです。その記者と電話で話すうちに親しくなって、お互いに情報交換もする。情報収集にも、ギブ・アンド・テイクの気持ちが欠かせません。

忘れられない大失敗

正直なところ、現役時代はマスコミの取材を受けるのは苦手でした。私の場合は、指導者の滝田監督が取材でよく話す人だったので、記者も監督に話を聞くだけで、選手の私に質問をする人はあまりいなかったと思います。だから、「私としてはもう少しこういうことも話したい」という気持ちがあったのだと思います。

実際に自分が取材する立場になってみると、その難しさを痛感することは多く、苦い思い出や失敗もたくさんあります。

エッセイやコラムを書き始めて間もない頃のことです。初めての連載の仕事ではりきっていて、話題の人について書こうと思ったのです。日本大学アメリカンフットボール部の篠竹幹夫監督のもとへ取材に行ったことがありました。

カリスマ指導者として有名だった篠竹監督ですから、さぞや厳しい方ではと緊張して伺いました。実際は篠竹さん、優しい紳士的な方で、でもインタビューを始めるとすぐに怒られてしまったのです。当時の私の癖で、篠竹さんのお話を聞いているときに、ノートをテーブルの下に置いてメモしていました。その様子を見ていた篠竹さんは、「ノートを机の上に置いて、書きなさい」と静かに言われたのです。私は恥ずかしくて顔が赤くなってしまいました。私がこそこそ隠しているように見えたのでしょうね。大切な取材のマナーを教わりました。それからは必ずテーブルの上にノートを置いて、メモを取るようにしています。

マラソン解説での失敗談もさまざまあります。なかでも苦い失敗といえば、２０２０東京オリンピックの女子マラソンを生放送で解説していたときのことでした。

私は一山麻緒さんを「野性のプリンセス」と呼んでいて、彼女がどんな選手なのか、その魅力を伝えたいと思っていました。野性を感じさせる伸びやかな走りと、練習に挑む貪欲さ。永山監督のすごい「鬼メニュー」をこなすけれど、練習を終えると、好きな香りに包まれながらスキンケアをする至福の時間を大切にしていること。そして「ちゃんと彼がいるんですよ」と、彼女が恋愛中であることを明かしたのです。

するとこのひと言が大きな話題となり、「Ｙａｈｏｏ！ニュース」のトレンド一位になってしまったのです。

私としては、昔は恋愛を禁じるチームが多かったけれど、時代の流れのなかで選手の自主性に任されるようになってきたこと。そうしたチームのなかで、一山さんはオンとオフがはっきりしている魅力的な選手であることを紹介したつもりでしたが、「ちゃんと」がよくなかったですね。

さらに一山さんから聞いていたのは、三〇歳までに母親になって、両親に孫を見せたいという夢があること。家族を思いやる素敵な話だと思ったので、それも解説の中で話したところ、会社でも大騒ぎになったそうです。マラソン中継が終わった後、永山監督から厳しく叱られました。

あのときは私も本当に落ち込んでしまって……。恋愛にまつわる話はやはり慎重にしなければと大いに反省しました。

汗かき、恥かき、手紙書き

私は「こまかすぎる解説者」と言われることに、恐縮しつつも少し恥ずかしい気もしています。とりたてて努力しているわけではなく、ただその人に興味があって、もっと知りたいという好奇心がそうさせているだけだからです。

取材ノートに、現場で出会った選手たちの練習ぶりや日々の生活の様子、監督や家族から聞いたエピソードなど、何でも綴ってきました。

「マラソンにはまぐれがない」という言葉があります。良い結果は、完璧に練習をこなしたときにしか出ないといわれる厳しい競技。さらにレース当日の天気やコースのコンディションによっても記録の伸びが左右され、最後まで何が起きるかわからない。それだけにレースを観る人にとっては、四二・一九五キロが人生のドラマと重なり合うのかもしれません。

この取材ノートには、自分の支えになる言葉も書き留めています。新聞を読んでいて「これだ！」と思った言葉、出会った人から聞いて心に残る言葉などを、ノートの後ろのページにメモしていたのが始まりで、一冊のノートの後半は「言葉ノート」になっています。

前述の「誰かの靴を履く」という言葉もメモしてありますし、松任谷由実さんの言葉も書いてあります。ユーミンは、ある賞の贈呈式での挨拶で、こう語っていたのです。「私の名前は消えても、歌だけが詠み人知らずとして残るのが理想だ」と。そんな気持ちで仕事をするのは素晴らしいことだと、感じ入りました。

こうして大切な言葉を書き留めておくことで、私自身の心の引き出しも少しずつ豊かになっていると思います。もっとも引き出しに入れっぱなしにしたまま、なかなか開けず、取り出せないことも多いのですが……。

書くという習慣でいえば、お世話になった方に手紙を書くことも心がけています。「汗かき、恥かき、手紙書き」、私はこの言葉がとても好きなんです。テレビやラジオ、講演やイベントの仕事でも、終わった後にお礼状を書かないと終わった気がしませんね。テレビの仕事はスピーディーなので、番組の放送は必ず見て、見終わったらすぐに制作の方に感想をメールで送ります。

今は何でもメールで済ませる時代ですが、できるだけ手紙を書くことで自分の気持ちが伝わればいいなと思っています。

「汗かき、恥かき、手紙書き」が、私の変わらぬモットーです。

第2章

伝える力

――人の心を摑む

人生の師からの教え

崖っぷちからのスタート

スポーツ選手の「セカンドキャリア」が注目されるようになったのは、ここ十数年のことでしょう。トップアスリートとなれば、引退後は指導者やスポーツコメンテーターとして競技経験を活かす人もいれば、新たにビジネスの世界で起業する人など、第二の人生でキャリアを築く人たちが目立ちます。

私の現役時代を振り返ると、女性の選手が実業団チームをやめた後は、所属していた会社で社員として勤めるか、結婚して家庭に入るというケースが多かったと思います。しかし時代とともに、選手の意識も少しずつ変わってきました。引退後も引き続きチームで後輩のサポートをする人、結婚後も走ることを続ける人——選択肢も増えてそれぞれにステキです。

では、私自身の「セカンドキャリア」はどうだったかといえば、まさにゼロからのスタートでした。なにしろ社会へ出たときにまず考えたのは、「どうやって食べていこうか」ということでしたから。行く先がまったく見えなかったのです。

すでにお伝えしたように、引退したのは一九九二年、二八歳のとき。選手として所属していたNECからは、「社会貢献推進部という部門があるから、そこでランナー時代の経験を活かして、社員として働きませんか」というお話をいただきました。でも、仕事のキャリアを積んでいなかったので、自分に自信が持てませんでした。

進路について悩んでいた私は、直属の上司に相談してみました。

「君はＯＬには向かないかもしれないな」

上司も首をかしげながら考え込み、困ったようにこう言います。

「そうだなあ、水商売かマスコミならかならず成功するよ」

水商売に向いていると言われても……と返す言葉に詰まりつつ、社員旅行や忘年会で盛り上げ役にまわる私へのジョークと受け止めましたが、「マスコミ」には心が動きました。もともと書くことが好きで、高校の頃からつけている練習日誌はその日の感想など二ページくらい書くこともあったからです。文章を書くことにはいささか腕に覚えがありました。

「思いきって新しい世界にチャレンジしてみよう！」

社員として会社に残るという誘いを断り、その年三月にＮＥＣを退社。しかし、いざ会社を辞めても、マスコミから声がかかることはありませんでした。

エッセイ一本、一万五〇〇〇円

せめて引退レースで花道を飾っていれば、「元ロス五輪代表の増田明美」としてマスコミから注目され、解説者やスポーツコメンテーターなどの仕事が舞い込んだかもしれません。だけど、最後のレースも足首の疲労骨折が原因で途中棄権に終わり、その後の病院の診断で脚に七か所の疲労骨折が見つかったのです。その事実が朝日新聞の社会面に載り、よぼよぼのお婆ちゃんみたいな私の写真と共に報じられて、ますます悲壮感が漂ってしまいました。足を引きずりながら病院に通う生活が続き、会社を辞めても仕事は見つからない。崖っぷちに立たされたような心境でしたね。

「食べていかなきゃならないのに、私は何をしたらいいんだろう」

ますます落ち込み、人にも会いたくない心境で、部屋に閉じこもる時間が長くなりました。そんなときにふと、ラストランの途中棄権や疲労骨折の経験などを後輩たちにも伝えていかなきゃ、という思いが湧き起こってきたのです。疲労骨折の原因は減量や生理が止まっているのに治療をしなかったことでした。当時、後輩たちの中にも私のような人は少なくなかったのです。自分の経験を文章で伝えていきたいと思えたときに、少し光が見えてきました。前述のように、それを知り合いの共同通信の記者に見てもらったことで、私のエッセイが新聞で連載されることになりました。紙面に躍る自分の文章、最初に味わった喜びは忘れられません。

「スポーツ選手の率直な気持ちを、自分の体験を通して伝えていきたい」

連載の一回目にそう書いたように、自分が進む道を見つけることができた嬉しさでした。

とはいえ、まだまだ一人で生活するのは大変。当時、エッセイの原稿料は一本一万五〇〇〇円、毎月二本で三万円です。他には、エイボン賞を受賞したときに知り合った姥山寛代さんという方が魅力的で、彼女が代表を務める「地域福祉研究会ゆきわりそう」に教えに行くことになりました。自閉症など知的障がいをもつ子どもたちに週に一度、ジョギングを教え、その指導料が六〇〇〇円。それを家計簿のようにノートにつけて、毎月の生活費をやりくりしていたのです。

そんな生活を郷里の母も心配してよく電話をくれましたが、不思議と不安はありませんでした。エッセイを書くことが楽しくてしかたなかったからです。そこからまた思いがけない方向へ道が開け、進んでいくことに。なんとラジオの仕事が舞い込んできたのです。

ラジオのパーソナリティに抜擢

スポーツエッセイの連載が始まった頃、アメリカ留学でお世話になった方から「ＴＢＳビジョン」というスポーツ選手のマネジメントをしているプロダクションを紹介されました。

「あなたは声が良いから、絶対、放送界が合う。きっと自分を活かせるよ」

その頃、私は初めてのマラソン解説でほとんどしゃべれないという経験をしたばかり。もっと頑張らなくてはと思っていたところでした。

そのプロダクションに入ってまもなく、ＴＢＳラジオの制作部長から声をかけられました。

「あのエッセイは実におもしろかった。ぜひ、一度、お会いしたい」

部長の目に留まったのは、私が『週刊文春』で書いたテレビ評でした。「くたばれ！『トレンディードラマ軽薄論』」というタイトルで、いつも見逃すまいと走って帰宅するほどドラマ好きの「元マラソンランナー」増田明美が、お気に入りのドラマの魅力を語ります。〈いや～、またはまってしまいました〉という書き出しで始まり、ストーリーから登場人物のキャラクターまで徹底分析するというコラムです。

部長に呼ばれ、昼からワインを飲みながらお食事をしました。ほろ酔い気分で緊張もほぐれた私は、ついつい恥ずかしい失恋事件の一部始終まで話してしまいました。彼はまるでその場に居合わせたように声をあげて笑い、「誰も増田さんがこんなにしゃべるとは思わないでしょう。昔のあなたには悲壮感があったから、とても意外性がありますよ」と言われたのです。

たしかに選手時代の私は修行僧のようでした。競技生活では自分を抑え、毎日ひたすら練習に励み、テレビのマラソン中継で映るのは、苦しげに顔をゆがめて黙々と走る姿だけ。無口で暗いとか、悲壮感が漂うような印象があったと思います。

それでも素の自分に戻ればおしゃべりが大好きで、けっこう明るく好奇心も旺盛です。部長には、その意外性がいちばんの武器になると勧められたのです。

「一〇月からラジオのパーソナリティをやってみませんか?」

そう聞かれて、ほろ酔い気分の私はパッと目が覚めました。

「はいっ、がんばります!」

私が担当することになったのは『花の東京応援団!』という情報バラエティ番組と、『サンデー・エステティック・ミュージック』という音楽番組。いきなりラジオのレギュラー番組二本のパーソナリティに抜擢されたのです。

嫌われた理由

　おばあちゃん譲りのおしゃべりで、お転婆だった少女の頃。成田高校の滝田監督には「ほんとうに日本一になりたかったら、口に蓋をしなさい」と叱られたほどでした。時代としても「不言実行」を重んじる空気があり、アスリートがあまりぺちゃくちゃ話すのはカッコよくないという雰囲気もありました。

　おしゃべりで明るいことが私の武器になると言われ、心が楽になったことを思い出します。ラジオの仕事を頂いてからは本当に楽しくて、自分らしくいられるような気がしていました。

　私がパーソナリティを務めることになった『花の東京応援団！』は、毎日、午後一時から四時まで続く三時間の生番組。「ワハハ本舗」座長（当時）の佐藤正宏さんと一緒に、金曜日を担当することになりました。いきなり飛び込んだラジオの世界は知らないことだらけ。生放送となれば失敗はできません。スタジオへ入るまでには台本を読み込んで、すっかり頭に入れておくようにしたのですが、最初のうちは会話のテンポがなかなか摑めず、相手役の佐藤さんと言葉のキャッチボールがうまくいかずに悩みました。

そんな調子で数ヵ月が過ぎた頃、スタジオの雰囲気が変わってきたことに気づきました。本番中は滞りなく進んでいても、放送が終わると、スタッフがすっと潮が引くように帰ってしまうのです。

他の番組の人たちは、収録後に一緒にお茶を飲んだり、食事をしたり、皆で和気あいあいと過ごしているのに、私の番組だけはどこか冷ややかな空気を感じました。自分では元気に話しているつもりでも、スタッフのよそよそしい雰囲気が気にかかります。しばらくして、ようやくその理由がわかりました。

あるとき、数人の知人と食事をしていて、私をとても冷たい目で見ている人がいることに気づきました。尊敬する人だっただけに、彼女の冷たい視線が胸に突き刺さります。何がいけなかったのだろう……。家に帰って、思いつくことを書き出してみました。

そのなかでわかってきたのは、私は人の話を聞くことよりも、自分の話ばかりしていたのです。食事会には五、六人いたのですが、誰が何をしゃべったのか思い出せなかった。これでは嫌われても仕方ないなと思いました。

同じように、ラジオに出始めた頃の私は自分のことしか考えられず、パートナーの佐藤さんをさしおいて、一方的にしゃべってしまうところがありました。自分では自然にふるまっているつもりでも、周りの人から見れば、一人だけ尖っているように映ってしまう。だから、最初は親しくしてくれたスタッフも離れていったのだと気づきました。

自分を笑える強さが大切

『サンデー・エステティック・ミュージック』という音楽番組では、ＴＢＳのアナウンサーとともにパーソナリティを務めました。毎回、谷村新司さん、辛島美登里さんなど、素晴らしいアーティストがゲストとして来てくださるのに、私はその方たちの魅力を引き出すどころか、逆に自分の話を聞いてもらうという始末。結局、『花の東京応援団！』も、『サンデー・エステティック・ミュージック』も一年で降りることになりました。

あの苦い経験は、私にとって貴重な学びの場でした。選手時代は自分が成功することだけを目指し、いくら我が強くても周りは受け入れてくれました。しかし、ラジオの番組を通して学んだのは、チームワークの大切さです。心をひとつにして一緒に作りあげていくことで、聴く人たちの心にも届く番組ができるのだと実感しました。

そしてもうひとつ学んだのは、自分を笑える強さが大切だということです。

ある日、『花の東京応援団！』でのこと。本番中に恥ずかしい失敗をしてしまいました。台本に「仲人に見守られる中、新郎新婦は結納をかわしました」とありましたが、「ゆいのう」を「けつのう」と読んでしまったのです。スタジオがシーンとなり、私は顔が真っ赤っかになり、ディレクターは急いで音楽をかけていました。番組終了までのゴールはひたすら長く、マラソンよりも長いと感じました。

その後も「門松」を「もんまつ」、「お産婆さん」を「おさんばあさん」と読み……。そのうちにリスナーから大きな小包が届きました。なんと、住所にすべて読み仮名がふられていて、私の名前にまで「ますだあけみさま」と。包みを開けると、「もっと漢字を勉強しましょう」と書かれたお手紙と一緒に、小学生用の国語辞典が入っていたのです。

少し恥ずかしかったですが、私はこれをネタにしました。ありのままをラジオで話してみたのです。すると、リスナーとの距離がグーンと縮まりました。新しいことに挑戦するのは勇気もいるし失敗もするけれど、それ以上に学べることがたくさんあるのだと思います。

東京の街でウォーキングデート

「伝える」ことの大切さを意識したのは、人を幸せにしたい、元気のない人を励ましたいという思いがあったからです。それは永六輔さんのラジオ番組を聴いていて、いつも感じていたことでした。

『永六輔の土曜ワイド』を聴いていると、幸せな気持ちになるのです。ラジオを通してなのに、街の匂いが伝わってくるし、風景も立体的に浮かびあがってくる。知らなかった世界が目の前に広がるようで、ワクワクしました。永さんの軽妙な語り口も温かく、心もほっと癒やされました。

永さんと初めてお会いしたのは、マラソン競技を引退したばかりの頃、番組のゲストに招いていただいたとき。そのとき、永さんから「あなたは競技の世界にいたのに楚々としていますね」と言われました。きっと白い丸襟で紺のワンピース姿だったからでしょう。

永さんはとても優しい方なので、私がオリンピックで失敗していることで、「大丈夫かな、元気に生きているだろうか」と気にしてくださったのかもしれません。それからは食事に誘っていただいたり、俳句の会に呼ばれたり、とても良くしていただきました。

その後、私からゲストにお招きしたのが〝東京ウォーキングデート〟でした。

一九九六年二月から二年半ほど、毎日新聞で「増田明美のさぁ走りましょう」という紙上ジョギング講座を続けました。一緒に走る人を一般公募し、一期生、二期生とそれぞれ四人の生徒を選びます。その二期生が始まるとき、永さんに「ゲストになっていただけませんか」とお願いしたのです。すると、「僕は走れないけれど、歩きます」と引き受けてくださり、東京の街でウォーキングデートをすることになりました。

その初回、私は「歩き方を指導しなければ」と思っていたのですが、逆に永さんのほうからエッセイのネタになるように「テーマ」を提案してくださったのです。

「都心の土道を歩きましょう」と言われ、待ち合わせたのは赤坂。そこから四ツ谷駅まで回り道して歩くと、一ツ木通りを入った先に石段が見えてきます。「丹後坂というんですよ。元禄初年に開かれた坂です」と永さん。石段の奥まったところにステキな喫茶店があって、お気に入りらしいそのお店で「ぶどう液」を飲みました。

さらに丹後坂を下り、やがて弁慶橋を渡ると、「ここ、ここ……」と指さす方角には、見過ごしてしまうほどの狭い入り口が。その奥に緑の木々が生い茂る土道が続いています。「僕はボートに乗りにきて、ここを見つけました」と永さんの目が輝きました。楽しくおしゃべりしながら、初デートは無事にゴール。永さんからさっそく「いつか、日本橋から東海道を歩きましょう」と新たなテーマを出されました。

楽しんでいれば、それがそのまま伝わる

小雨模様の師走の一日。永さんと私は日本橋の「道の起点」の石碑の前で待ち合わせました。東海道を歩く予定でしたが、「江戸府内図」を広げた永さんは、「ちょっと予定を変更して、本所松坂（両国）から泉岳寺まで歩くというのはどうですか？」と言います。「掲載日が、赤穂浪士が吉良邸に討ち入りをした一二月一四日に近いですね」ということで、タクシーで両国にある吉良邸跡前へ向かいました。

赤穂浪士四十七人は主君・浅野内匠頭《たくみのかみ》の仇討ちを果たすと、泉岳寺へ……。永さんは

「今日は四十七人の気持ちを探りながら歩きましょう。僕は大石内蔵助《くらのすけ》、あなたは主税《ちから》になったつもりでね」といわれ、二時間半の道のりを歩きました。大きな門を構える泉岳寺が見えたときはホッとして体の力が抜けていく。ほんの少し、赤穂義士の気持ちもわかったような気がしました。

また「増田さんは〝歩く〟という言葉の語源を知っていますか？」と聞かれたことがありました。辞典で調べてみると「〝歩〟は左右の足の跡の象形」という記述があり、そのように答えると、今度は、「日本人が右手と左足、左手と右足を交互に出して歩くようになったのはいつからか知っていますか？」と続きます。

永さんによると、「明治の初期に軍楽隊が日本へ入ってきて、行進が始まってから」とのこと。江戸時代末期まで、人々は右手と右足、左手と左足を出して歩いていたそうで、歌舞伎に出てくる弁慶の飛び六方などを見ていると「ナンバ歩き」なのだとか。だから、「体の中に組み込まれている遺伝子が騒ぎます。今日は皇居をナンバで歩きましょう」と、ニッコリ。ナンバで皇居を一周したときにはさすがに人の目が気になって、周りをキョロキョロ見ながら歩いてしまいました。

永さんのお陰で、「歩く」世界が広がり、その道は日本の歴史や芸術、そして文化を知る道へと続いていきました。そしてこの連載を通して、私が歩くことを楽しんでいれば、それがそのまま読者に伝わることも学んだのです。

俳句のたしなみ

東京・浅草生まれで、生粋の江戸っ子。そんな永さんには日本文化の粋な所作もいろいろ教えていただきました。

ある夏の日の昼さがり、私は日本橋の三越劇場へ浴衣姿で向かいました。お友だちの小沢昭一さんや柳家小三治さんたちと開いている俳句の会「東京やなぎ句会」があり、一般の方々に俳句を披露する「大句会」の日です。永さんはからし色の浴衣姿で迎えてくださいました。

「それにしてもあなたは浴衣姿がよく似合いますね」とお褒めにあずかり、慣れない浴衣姿の疲れも吹っ飛びましたが、よく聞いてみると、着物が似合う条件はくびれのない寸胴体型なのだとか。ズッコケそうになりました。

永さんの浴衣姿はりりしくて、腰のあたりで締めた帯の上にお腹がぽっこり出ているのが何とも言えず貫禄があっていいのです。「実は僕はね、着物のためにお腹に肉をつけているんですよ」と豪快に笑っていました。

「僕の草履を見てください」と永さん。踵《かかと》が三センチくらい外にはみ出し、鼻緒の高さが極端に低くなっているのに気づきました。正しい草履の履き方は、鼻緒にちょっと指をあてるだけ。二センチくらい踵を出すほうが楽に姿勢よく歩けるそうです。

俳句のたしなみも教わりました。「東京やなぎ句会」は、皆が間違えないように毎月五＋七＋五の一七日に開かれ、私も四度、連れていっていただきました。小沢昭一さん、柳家小三治さん、加藤武さんなど話芸の達人ばかりですから、その場にいられるだけで幸せな気持ちでした。

今でも覚えている面白かった俳句は、小沢昭一さんの〈夏のハエ　鈍き動作も　俺に似て〉。ご飯を食べるときに持病の薬を飲む方も多く、柳家小三治さんが「今日は死臭がするなぁ」なんて言って笑わせていましたね。

ちなみにその「大句会」の日に、「水中花」という題目で永さんが詠まれた句は、〈水中花　嘘が気になる　別れ方〉

私だったら、〈水中花　好きな貴方の目に似てて〉かなと、一句浮かびました。

俳句のお陰で、伝える言葉が短くなったと思います。それまでの私は、よく永さんに「増田さんは一〇秒で話すところを三〇秒かかっている」と言われていました。話がまどろっこしかったのですね。俳句のお陰で言葉のぜい肉がとれました。言葉の選び方もうまくなったと自負しています。

好奇心を持って、面白く

「会いたい人がいれば、どんな遠くでも会いに行く」のがモットーの永さん。楽しいことを見つけたいという好奇心たるや、すごいものでした。

あるときは「帝国ホテルでこれから講演するんですよ」と言われ、「その前に待ち合わせをして歩きましょうか」と誘われました。いつも講演するときは大体三〇分から一時間歩いてから会場に入るのです。なぜなら街を歩いていると、いろんな看板やお店のショーウィンドウが目に入り、記念碑や公園などに出合うので、その街の表情や変化がわかります。永さんは街の様子を講演の最初の「つかみ」で話していました。

銀座の街を一緒に歩いていると、永さんはあちこちキョロキョロ眺めながら、帝国ホテルへと向かいました。会場に着くと、前の予定が押していて、永さんの講演は三〇分ほど後になるとのこと。控室で待っていましたが、永さんは退屈でしかたがないようでした。その三〇分がもったいないらしく、窓際に置かれた植木のことまで調べ始めたのです。常に頭を使っていましたね。

なにしろ時間は無駄にしないという性分で、新聞の小さな記事でも気になる人がいれば、どんなに遠くても会いに行っていました。そこで聞いたことや感じたことを咀嚼して、わかりやすく面白く伝えてくださるのが、永さんの素敵なところです。

選手の頃は修行僧みたいだった私ですが、実は真面目なだけの自分が嫌でした。永さんのラジオを一瞬たりとも逃すまいと聴いていたのは、マラソン解説やスポーツライターの仕事で、「面白く伝えたい」というこだわりがあったからです。

話し上手は聞き上手から

さらに永さんから学んだのは、「聞き上手」ということ。人が好きで、相手のことを知りたいという思いがあるから、とても聞き上手なのです。

ラジオで切れ間なく話すので、プライベートでもそうだと私は思っていたのですが、何人かで食事をすると、楽しそうに聞きながら、皆の話を引き出していきます。仕事の現場でも、お茶を持ってきてくれるアルバイトの人にまで「あなた、どこの生まれなの？」「何が好きなの」なんて気さくに声をかけていました。一〇代、二〇代の若い人にもどんどん突っ込んで、自分が知っていることはひけらかさない。嬉しそうにうなずきながら、相手の話をただ聞いているのです。

大変な聞き上手だから、あんなに話し上手なのだな……そう気づいたとき、夢中でしゃべりっぱなしの私がいちばん学ぶべき点はここだと反省しました。

永さんを見ていて、本当に心根が優しい人だと感じました。わけへだてなく人と接し、さりげない気遣いをいつも忘れないのです。

喫茶店で待ち合わせをすると、必ず先にいらしていて、お葉書を書いていました。ラジオのリスナーから届いたお手紙への返信です。「ありがとう」「また行きますね」「元気でね」など、温かい絵のような優しい文字で、全員にお返事を書くのです。その手がまた柔らかく、永さんと握手したときのふわふわで柔らかな感触は今でも忘れません。

あまり賑やかなところが好きでなかった永さんは、結婚式の司会を頼まれても断ってこられたようです。でも「最初で最後」といって、晩婚だった私の結婚式の司会を引き受けてくださったのです。それはそれは素晴らしい話芸の連続で、両親は私の結婚以上に永さんが司会してくれたことを喜んでいました。その司会で、キャンドルサービスの開始を伝えるとき、永さんが「皆さま、お蠟燭《ろうそく》の点火式です」とおっしゃいました。「古風な表現でステキ」と私は感動していましたが、後から永さんが「あのときは困りました。キャンドルサービスという言葉が出てこなかったのですよ」と言われたのです。笑い話となり、今では最高の思い出です。

晩年は病気を抱えながら、最後までラジオの仕事を続けていた永さん。美しい花を咲かせる木々もいずれは枯れて朽ちていく。だから、自分も枯れていく姿をありのまま見せたいという思いがあったようです。永さんが亡くなる前、最後にお見舞いに行ったときはもう眠られたままでした。「永さん、わかりますか?」と声をかけると、「ますださん……」と言ってくださり、とても優しい響きでした。

最後まで自分の姿を通して「伝える」ことの大切さを教えてくださった永さん。感謝の気持ちでいっぱいです。おこがましいけれど、私も愛弟子の一人として、その学びを若い人たちに伝えていかなければと思うのです。

小出義雄監督とのご縁

私がマラソン解説を始めて間もない頃から、何かと気にかけてくれたのは、小出義雄監督でした。取材がうまくいかずにしんみりしていると、「何かあったの？」と声をかけてくれたり、冗談を言って笑わせてくれたり。優しくて温かな方でした。

同じ千葉県の出身で、陸上界の大先輩です。農家の長男に生まれた小出さんは、中学時代、体育の先生に「おまえ、足が速いなあ。大きくなったら、オリンピックに行けるぞ」と褒められ、そのひと言が走る夢につながったそうです。

高校時代から本格的に走り始め、全国高校駅伝に出場。卒業後は農業を継いだものの、駅伝への夢を捨てきれずに家を飛び出し、仕事を転々としながら走り続けたという小出さん。順天堂大学の監督の目に留まり、箱根駅伝にも出場した名長距離ランナーでした。

小出さんは教員の道を選び、監督として陸上の指導にあたります。佐倉高校では千葉県の高校駅伝で二連覇を果たし、実は私も中三のときに勧誘されていました。小出さんは当時から女子の長距離選手の育成に力を入れていたのです。

成田高校へ進んだ私は、高三の終わりに初めてフルマラソンに挑戦しました。千葉県選手権マラソン大会で、男子選手ばかりの中で女子は二人だけ。もう一人が小出さんの教え子、佐倉高校の倉橋尚巳さんでした。このレースで、私は日本最高記録を出し、倉橋さんが二位に。思えば、小出さんとはずいぶん長いご縁が続いていたのです。

私はロサンゼルスオリンピックに出場し、その四年後に小出さんはリクルートの監督に就任します。鈴木博美さん、有森裕子さん、高橋尚子さんなど、世界の舞台で活躍する選手たちを育ててきました。

「いいね、最高!」褒めて、伸ばす

日本の女子マラソン選手が強くなったのは、小出義雄監督という「名伯楽」の存在が大きいです。私の時代は記録を伸ばすために減量を徹底し、貧血や疲労骨折に悩まされました。小出さんは食べて走ることが大事と考え、私たちの失敗も糧にして、独自の指導法を確立されたのです。

小出さんは自らの指導法を「でたらめ理論」といい、女子にも〝非常識〟といわれるような男子並みのハードな練習量を課します。アメリカのボルダーで合宿し、標高一六〇〇メートル以上の高地を走り込み、心肺機能を高める高地トレーニングをよく行いました。

私は練習の様子をずっと取材してきましたが、ことに感心したのは人の育て方です。小出さんは「いいね、最高！」が口癖。成長しない部分には目をつぶり、良いところを上手に褒めて伸ばすのがすごくうまいのです。

朝練習も「ボクは五〇年間一度も休んでいないよ」と言っていましたが、どんな天気でも、ひどい二日酔いでも、朝になるとパッと目を覚まして選手の練習を見守ります。

四〇キロ走のときは、「いいね、最高！」「その調子！」と声をかけながら、ずっと車で伴走していきます。

その間、選手の走りをよく見ているので、走り終わった後に具体的に褒める。ノートを見せながら「ほら、この三〇キロから三五キロの間、タイムが落ちてないでしょう」とか、「いつもは疲れると腕が横に振れるけど、今日は大丈夫だったよ」とか、皆の前で褒めます。反対に注意するときは、誰もいないところに呼んで、一対一で伝えていました。

上手に褒めて自信をつけさせることで、選手たちのやる気が引き出され、「強くなりたい」「勝ちたい」という意識が芽生えていく――こうすることで、有森裕子さんや高橋尚子さんといった大学まで無名だった選手を五輪メダリストに育て上げたのです。

どんなときも笑顔で乗り越える

そんな小出さんも窮地に立たされたことがありました。

二〇〇〇年シドニーオリンピックを目指していた高橋さんが、前年夏の世界選手権で左足を故障して、レース当日に欠場。その後もケガで調整が遅れ、最終選考となる名古屋国際のレース目前にまたもアクシデントに見舞われました。食あたりが原因で胃けいれんを起こして緊急入院。絶食を余儀なくされたのです。

そのとき、小出監督はこんな短歌を詠んで、高橋さんを励ましています。

〈雨風に　耐えて花咲く　時を待つ　夢の懸け橋　名古屋かな〉

スタミナを蓄えていかなければいけない大事な時期に不安材料を抱えながら、それを微塵も感じさせなかったのです。どんなときもパワフルに笑顔で乗り越えようとする二人の信頼関係が、シドニーオリンピックでの金メダルにつながったのだと思います。

私自身も小出さんの笑顔に幾度も救われました。マラソン解説の仕事では、辛口の評価もされますし、スポーツ関係者から嫌味を言われたこともありました。一人で落ち込んでいると、小出さんは「明美さんよ、どうした？」「大丈夫か？」と、選手じゃなくて私のことまで心配してくれるのです。

私がチームの合宿先を訪ねると、いつも喜んで迎えてくれました。名古屋のレース前、高橋さんが合宿する徳之島へ取材に行ったときも、徳之島の町長さんと連絡を取り合って、わざわざ歓迎会を開いてくれたのです。町の人たちや選手も集まって食事をし、小出さんも酔ってすっかりご機嫌に。私は「ほんとにありがとね、小出さん」と嬉しくて、お礼に、顔が似ているといわれる都はるみさんの『好きになった人』を歌い踊りました。コブシをきかせたはるみ節に、どっと笑いがわきおこりました。「たいしたもんだぁ、明美さんよ～」。

とにかく小出さんとの思い出はいっぱいありすぎて……。でも、やっぱりあの豪快な笑顔が目に焼きついています。

小出さんから学んだ「人間力」

あるとき、「人生、嚙みしめていますか？」というテーマで、ＮＨＫラジオに出演することになりました。「嚙む」ことを強くすると「食いしばる」ことになり、「歯を食いしばる」という言葉はスポーツの世界でよく使われます。そこで私は番組前に小出監督に電話取材をしました。

「マラソン選手は、『ここ一番』のとき、歯を食いしばりますよね」と自信満々に伺うと、「増田さ〜ん、（レース中）選手が歯を食いしばっていたら、舌嚙んで死んじゃうよ。ボクは毎日、歯を食いしばっているけどね」と豪快に笑われてしまったのです。

小出さんによると、選手はスパートするとき、ほっぺの肉を緩めている。そうでないと力を発揮できない。「Ｑちゃん（高橋尚子選手）だって、（マラソンの）後半は口が半開きになっているでしょう」と。そういえば、私も選手時代、調子が悪いときほど歯を食いしばっていたなあと、思い出しました。

ちょっと話が横道へそれましたが、私が小出さんから学んだことは「人間力」かもしれません。小出監督は指導者としては「天才」ですが、人間臭いところもいっぱい見ているから、でも全部含めてチャーミングな人だと思います。小出さんがいるところは花が咲いたように明るくなるのです。

小出さんが亡くなったのは二〇一九年四月二四日。翌年開催予定だった東京オリンピックを何より楽しみにしていたことでしょう。

私が命日にずっとお花を贈り続けている人が二人います。それは永六輔さんと小出義雄さん。お二人とも私にとって「人生のお師匠さん」なのです。

大学の講義で試される

芸術大学でスポーツを教える

「スポーツと芸術には接点があります。一緒に勉強しましょう」

大阪芸術大学の塚本邦彦理事長にそう声をかけられたのは一九九九年、三〇代半ばの頃でした。私は小学生のときから教員に憧れ、国語の先生になりたいと思っていましたが、まさかこの年になって夢が叶うとは……。しかも芸術大学の学生に私が教えるなんてと驚きつつも、嬉しくお引き受けしました。

スポーツと芸術はどちらも「表現する」という点では共通するのでしょう。「肉体」なり「作品」なりを作り上げる過程で精神が研ぎ澄まされていく感覚を得たときに、良い結果につながっていくのではと考えました。

あれから今日まで、私自身も学生から多くのことを教えてもらっています。たとえば、大学で教え始めて数年経った頃、ある男子学生がこんな話をしてくれました。

「走り幅跳びの選手が跳んでいる際に見える空は、その人にしか見えない空だと思う」と。私はそれを聞いて、体が震えるほど感動しました。あの緊張とスピード、解放感の中で見える特別な空。それは、その人だけの感覚で、何だか現役時代が懐かしく思えてきたのです。きっと、マラソン選手が時速二〇キロで走っているときに見える景色や聞こえる音も特別なはずです。

選手の頃、私はスタート前のピストル音を待つ一分間、極度の緊張から空気の味が変わりました。あのヨーグルトと白ワインを混ぜたような酸っぱい味。今はどんなに緊張しても味わうことができません。

また面白いことに、学生たちが挙げる好きなスポーツ選手は「フォームが美しい選手」なのです。大学で教え始めた当時でいえば野球の大リーグで活躍していたイチロー選手、「身のこなしが美しい」といいます。

スポーツの歴史をさかのぼれば、紀元前の古代ギリシャで誕生したオリンピックには男性だけが出場し、全裸で競技に臨みました。その鍛え抜かれた肉体美を彫刻家たちが「理想美」として表現したときから、スポーツと芸術は共通のものだったのかもしれません。

大学では一〇代、二〇代の学生たちの柔らかな感性に刺激され、自分の精神年齢もずっと若いままいられるような気がしています。

飽きさせない工夫が勝負

では、芸術を志す学生に私が何を教えているのか。皆さん、気になるところでしょう。年間の講座のテーマは「スポーツと健康」。人生一〇〇年時代を見据えて、スポーツの健康性について伝えています。

たとえば、前期のスタートとなる四月の講義では、まず「健康の定義」から始めます。

〈健康とは、病気ではないとか、弱っていないということではなく、肉体的にも、精神的にも、そして社会的にも、すべてが満たされた状態にあることをいう〉

（世界保健機関（WHO）憲章の前文より）

スポーツの健康性とは、「クオリティ・オブ・ライフ」を高めることにつながります。健康寿命とは何かを説明したうえで、「スポーツの価値」を医療性・教育性・芸術性・コミュニケーション性という四つの視点から見ていくのです。

続いて五月には、「ストレスと運動」ということで、ストレスの原因、抗ストレス効果の運動の種類、スポーツのプラス・マイナスの側面などを解説します。

六月に入ると、「熱中症と水中毒」の症状や予防法などを取りあげます。さらに「体温」について、最近増えている低体温の問題を考えながら筋肉の重要性を話します。免疫力との関係性や冷えの原因となる「運動不足」について伝えると、学生も自分事として聴いていますね。

そして人気なのが、「食育」です。食育には、〈①「選食」できる能力を身につける②食事作法のしつけ　③地球環境に目を向ける〉という三つの柱があります。それに沿って、全国の郷土料理を紹介したり、献立アドバイスや食のマナー一〇か条を説明したり。これは女子学生が特に興味を持ってくれます。

そして七月には、「睡眠」と「心の健康」について。まず睡眠のメカニズムを説明し、眠れない人はどうしたらいいかという対処法、コアラやナマケモノなど動物の睡眠といった、学生にも関心がありそうなことを調べて話します。「心の健康」もとても大事なテーマで、精神レベルを上げる方法やプラス思考の考え方など、学生たちもこのへんは特に気になるようですね。

みんな正直なので、つまらなかったら寝てしまうし、面白かったら目をキラキラ輝かせて聴いてくれます。一〇代、二〇代の若い人たちを飽きさせない講義を工夫することが勝負。私にとって「伝える」という意味では、まさに主戦場。毎回毎回、学生たちに試されています。

学生を〝いじって〟空気をつくる

大学の講義は一コマ九〇分、まずはいかに興味を引くかが決め手です。

最初の二〇分は時事ネタを振って、学生たちの気持ちを摑みます。芸術を志す人たちにとっても、世の中の出来事に常にアンテナを張っておくことが大切ですから。

岡本太郎さんが若き日にパリで描いた絵画三点が見つかったというニュースが大きく

報じられたことがありました。パリ時代の作品はすべて戦災で失われたとされていましたが、岡本さんとゆかりの深いパリ市内の建物に残されていたもので、歴史的な発見と話題になりましたね。

講義の初めに「みんな、知ってる？」と聞いたところ、芸術の大学なのに、そもそも岡本太郎さんのことをあまり知らない人もいて驚きましたが、時事ネタとしてはなるべく学生が喜びそうなものを選びます。そのため日頃から新聞やテレビのニュースを見て情報収集しておくのです。

学生相手の講義では、私が一方的に話し続けているのはダメ。やっぱり飽きて寝てしまうので、タイミングを見て、ちょこちょこ学生を〝いじる〟ようにしています。

新学期が始まる四月初日に受講生から出席カードをもらうのですが、私は皆に「カードの裏に自分の特徴を書いてね」と頼みます。自分のアピールポイントですね。それを私のノートに一人ずつ書きとめておき、「いじるネタ」にするのです。

たとえば、新入生の中には宝塚歌劇団で男役をやっていたという面白い学生がいて、

「心も体もへとへとになったから、芸大へ来ました」と書かれていました。そこで「心と健康」について話すときに、その学生を当てて「どのぐらいへとへとになったの？」と聞いてみます。すると、彼女が自分の体験を実感を込めて話してくれるので、それを聞いている学生たちの反応を見てみます。

高校時代にバレーボールをやっていたという学生がいれば「一番の思い出は？」と聞いてみたり、ペペロンチーノが大好きという学生には「じゃあ、ペペロンチーノの美味しい食べ方は？」といじってみたり。中には出席カードに何も書いてくれない学生もいるから、そういう人は当てられたくないんだなと察します。

だいたい五〇〜六〇人のクラスで、全員の顔と名前を覚えるのは大変ですが、私の場合は相手の特徴がわからないと講義になりません。自分も楽しく教えたいから、学生が話しやすい空気をつくることも心がけています。

「さんま御殿」と政見放送を参考に

講義をする前にイメージするのが『踊る！　さんま御殿!!』。明石家さんまさんが毎回一二人ほどのゲストを招いて、ひとつのテーマについて「ひとこと体験談」をしゃべってもらうトーク番組です。観ていると、さんまさんはすごいとつくづく感心します。ボクサーがリングに上がっていくようなアスリート魂を感じ、自分を囲んでずらりと並ぶゲスト一人ずつに話を振って自由に話してもらいます。みんな楽しそうで、観ているほうも楽しくて。ほんとうにさんまさんは、話の達人です。全身で集中しているから相当消耗すると思うのですが、それがプロの仕事なのですね。

私も学生たちを飽きさせないようにと、毎回が真剣勝負。隔週の水・木と二日間で四コマ続くので、自分も飽きないように講義ごとに時事ネタも毎回変えています。

さらに話し方で勉強になるのが、選挙期間中に流れる「政見放送」です。各候補者が

ＮＨＫで演説する時間帯は欠かさず観ています。

公約をアピールするには、まず見出し力が大事。五分ほどのスピーチでは、起承転結をしっかりつけて簡潔に伝えないと視聴者には響かない。やはり経験を積んだ政治家はしゃべるのがうまいなと思います。私もためになるし、学生たちにも「政見放送は聞いたほうがいいよ」と言っています。就職活動が始まると、面接でいかに自分をアピールして選んでもらうかが勝負です。だから、「応援している党とか、応援していない党とか関係なく、全部聞いたほうが面接のときに役立つよ」と話しています。

コロナ禍のオンライン講義

大阪芸大で講義する日は午前に二コマなので、お昼休みは学生とよく学食でご飯を食べます。彼らとおしゃべりをしていると、自分がどういう大人でいなければいけないかがわかります。つまり、偉そうなことを言ってはダメ。年長者きどりで上から目線で話すと引かれるので、若い人たちと目線を一緒にすることを心がけます。これは、若い選手を取材するときにも通じます。

休み時間におしゃべりするときは、言葉遣いがあまりに丁寧すぎると打ち解けられないので、ちょっと学生っぽい言葉を使ってみることも。私は基本的に「ヤバい」という言葉が大嫌いなんです。でも、学生たちは良い意味でも「それ、ヤバい、ヤバいよ」と連発するので、私も「今の、ヤバいよね」と控えめに言ってみたり。

講義では学生を威圧するのが嫌なので、最初はマイクも使わなかったのです。けれど、二時間話し続けていたら、さすがに声がかれてしまい、翌日に入っていたナレーションの仕事に支障をきたしてしまいました。それからはマイク越しに弱めな音量で話すことにしています。

大学で教えるようになって二十数年、学生たちはどんどんおとなしくなっているような気がします。講義中に寝てしまうのは昔から変わらないけれど、今は、黙ってスマートフォンを見ている姿も目立ちます。それでも面白い話をしていると、ぐっと興味を持つのがわかるし、対面の講義は表情が見えるから、とても勉強になりますね。

ところが、コロナ禍になって、オンライン講義が二年間続きました。オンラインでは出席の確認はできても、全員の顔が見えないので大変です。

私はけっこうエネルギーを注いで話すタイプなのですが、オンラインの画面上ではその熱量がなかなか伝わりません。だから、講義の内容や時事ネタのエピソード、アドリブの入れ方など、飽きさせないような工夫をしました。

利点として発見したのは、オンラインだと、発言するときのハードルが教室より低いこと。オンライン講義では、私が話している間は学生たちのカメラはオフになっていいます。「何か意見がある人は手を挙げて」といって、顔を出して発言してもらうのですが、その際、話すのが得意じゃない人もいるので、「チャットで入って」と呼びかけると、自分が思うことを書いてくれるのです。

元気そうな人はだいたいチェックしておき、「〇〇さんはどう思う?」とツッコミを入れることもあります。ただそれがあまりに頻繁だと、指されるのが嫌な人は途中で退出してしまいます。なかには最初にパソコンだけつないで、あとはミュートにして寝てしまっているのか、終わっても気づかず退出しない人も……。

それでもコロナ禍で大学へ通えない学生たちを思うと可哀そうで、私もできるだけ楽しい講義にしなければ、と。だから、おしゃべりは楽しく、笑顔で講義することを心がけました。

高橋尚子さん、野口みずきさんのすごい食べっぷり

講義をしていて嬉しいのは、学生たちが興味を持ってくれたな、と実感できるときです。スポーツ選手のエピソードは人気で、大受けしたのが「Qちゃん」こと高橋尚子さんの話でした。

食育の話をしていたとき、スポーツ選手たちも三大栄養素＋ビタミン・ミネラルを頭に入れておくと、競技生活のために「選んで食べる」能力が身につくことを伝えました。

マラソン選手はレース前にお餅を八個くらい食べますが、それは炭水化物が即効性のエネルギーになるからです。そこで高橋さんのこんなエピソードを話したのです。

「二〇〇〇年シドニーオリンピックで金メダルを獲ったQちゃんはすごいんだよ。あの食べっぷりにはびっくりしちゃった。私が寮へ取材に行ったとき、フライドチキンがお昼ご飯に出たの。他の選手はフライドチキンのお肉を食べたら、骨はお皿に置いておくじゃない。でも、Qちゃんは食べ終わった後に骨を舐めているんだよね。何だろうと思ったら、髄液を吸っていて、自分のだけじゃなく、他の選手が残した骨も『これいらないの？』と言いながら、美味しそうに吸っていてね……」

高橋さんと出会ったのは、九六年の全日本実業団女子駅伝でした。私はテレビで中継をしていて、高橋さんはリクルートランニングクラブで走っていました。その区間で高橋さんが一人の選手に抜かれたため、チームは二位に終わりました。そのとき、指導する小出義雄監督は「高橋は本当に練習では強いのに、なんせ小心者だから」と言っていたのです。そんな高橋さんが、九八年の名古屋国際女子マラソンでは日本最高記録で初優勝。この年一二月には、バンコクのアジア大会で自ら持つ日本記録をさらに四分一秒も更新し、二時間二一分四七秒という驚異的な記録で優勝しました。高橋さんの絶え間ない努力と、食べっぷりの素晴らしさが力になったのだと思います。

食べるといえば、アテネオリンピックで金メダルに輝いた野口みずきさんもすごかったです。野口さんがまだ無名の選手だった頃、北海道士別市での合宿を訪ねたことがあります。男女共に四〇キロ走のポイント練習を終えた日の夜に懇親会があって、私も招かれました。バーベキューでしたが、男子の選手は胃が疲れきっていて、お肉を食べられない。端っこの方でモヤシやトウモロコシを食べていました。その中で一人、真ん中に陣取り、お肉ばかりを食べ続けている人が。それが野口みずきさんでした。小柄な野口さんの食べっぷりも、あの頃から金メダルでしたね。でも野口さん、「私がいちばん好きなのはマグロなんです」って言っていました。

高橋さんも野口さんも内臓が強いんです。マラソン選手は内臓が強くないと、月間一〇〇〇キロ以上走るような練習量はこなせません。四〇キロ走を行っても、その日の夜にしっかり食べられないと体はなかなか回復しないからです。高橋さんも野口さんも回復が早いから、二日くらいのリカバリーでまたハードな練習ができるのです。
そうしたエピソードを伝えることで、食育の授業に彩りが加わりました。

具体的なエピソードで興味を引く

野口みずきさんが二〇〇四年、アテネオリンピックで金メダルに輝いたときのエピソードも、学生たちは食い入るように聴いていました。

「走った距離は裏切らない」という言葉が座右の銘だった野口さん。いつも瞳がキラキラしている大変な努力家で、月間走行距離は一二四〇キロ。「車より走るよね」と言うと、学生は驚いたようにうなずきました。野口さんの監督である藤田信之さんはとても緻密な方です。教え子たちが陸上中長距離にマラソンと、すべての種目で日本記録を作っている、まさに名伯楽の監督。そして野口さんの金メダルにはこんなエピソードがありました。

とにかくアテネは暑い！　と思った藤田さん、給水が生命線になると考えて、大会前に象印と連携。保温性の高い魔法瓶の中に飲み物を入れることにしたのです。レース当日の気温は三七度まで上がりましたが、魔法瓶のお陰で冷たいスポーツドリンクを飲めたのは野口さんだけ。というのも、給水のスペシャルドリンクのボトルは大会前日に大会運営側に預けねばならず、それを冷蔵庫に保管して冷やすなんてことは、海外のレースではあまりしないのです。そこまで計算した藤田さんの勝利でした。

給水ボトルの種類に制限はありませんでしたから、魔法瓶でもルール違反ではありません。しかし、アテネオリンピック以降は投げ捨てたときに危ないという理由で、魔法瓶は禁止になりました。

いちばん伝えたい、心と体の健康

私が受け持っているのは教養課程なので、必修単位を取ることを目的に受講している学生たちもいます。まして芸術を専攻する学生たちなので、スポーツへの関心が薄いことも感じます。

学生たちはけっこう忙しくて、アルバイトをして生活費や教材費を稼がなければなりませんし、写真や工芸、デザインなど専攻によっては提出する作品課題も多いのです。スポーツを楽しむどころではないかもしれないけれど、「時間がない人は『フィジカルアクティビティ』をするといい」と勧めています。

「フィジカルアクティビティ」とは、日常を目的として体を動かすことです。スポーツを目的として体を動かすのは、フィジカルフィットネス。ジムに行ったり、走ったり、体力向上や運動を目的に行うものです。だけど、忙しくてわざわざ運動する暇もないなら、日常生活の中で体を動かす「フィジカルアクティビティ」を行うといいと話しています。

するとと、学生の中から「自分は学校まで自転車で来ています。これですね！」という声があがりました。通学など移動のために体を動かすこと、スーパーへ買い物に行くこと、犬の散歩でもいい。だから、私の講義を聞いている人たちは、家へ帰っても、お風呂掃除をしたり、家事を手伝ったり、捉え方はバッチリなんです。四〇年くらい前までは世の中こんなに便利でなかったから、スポーツをしなくても普通に生活しているだけで結構な運動量だったはず。だからフィジカルアクティビティは、先祖返りを意識するといいのかもしれません。

食育の講義も自分の食生活を見直す機会になっているようです。特に男子学生の場合、朝はおにぎり、お昼はラーメン、夜に焼きそばを食べるなど、お腹がふくれる炭水化物ばかりになりがち。でも、目の前に主食があるか、主菜はあるか、副菜はあるか、それを意識するだけで、三大栄養素、五大栄養素をとることにつながります。

授業の軸となるのは、「みんなの『クオリティ・オブ・ライフ』を上げようよ」ということ。他人と比べてではなく、自分の中のクオリティ・オブ・ライフ、生活の質を上げることとです。クオリティ・オブ・ライフの土台になるものが「健康性」で、その上に「社会性」と「経済性」が載っています。どんなにお金持ちでも、どんなに地位や名誉があっても、心と体が健康でなければ生活の質は上がらない。それが学生たちにいちばん伝えたいことなのです。

宮本武蔵の教え

私が学生の頃にいちばん影響を受けたのは、宮本武蔵。吉川英治さんの小説『宮本武蔵』は、選手時代の愛読書でした。あの本にどれだけ助けられたことでしょう。きっかけは高校生のとき、陸上部の滝田詔生監督から「これを読むといい」と『宮本武蔵』と『五輪書』の二冊を手渡され、こう言われました。

「武蔵がひたむきに剣の道を歩み、極めていく姿を参考にしなさい」

さっそく読んでみると、心に残る言葉がたくさん出てきます。この本が一貫して伝えているのは、〈苦しい道か、楽しい道か、どちらに進むか悩んだとき、人は苦しいことを選んだほうが成長できる〉ということ。

宮本武蔵の生きざまに救われる思いがしました。きついメニューの日は、長く孤独な練習から逃げ出したくなります。スランプのときは〈人は苦しいことを選んだほうが成長できる〉と何度も自分に言い聞かせました。ライバルのことが気になって自分が見えなくなったときは、本の中で武蔵が弟子の伊織に説く「あれになろう、これに成ろうと焦心《あせ》るより、富士のように、黙って、自分を動かないものに作りあげろ」という言葉で目が覚めました。

ロサンゼルスオリンピック後に目標を失って苦しんでいた二〇代の頃、青梅市にある吉川英治記念館へ行ったことがあります。そこで目に留まったのが、吉川さんの座右の銘でした。

〈会う人、出会うもの、すべて我が師なり〉

吉川英治さんといえば、『宮本武蔵』『三国志』『新・平家物語』など、日本を代表する歴史作家のお一人です。その方の座右の銘が、自分以外はすべて師であるとは——。二〇代の私の胸に響きました。

さらに『宮本武蔵』といえば、後日談があります。私が武蔵ファンとご存じの方がいらしたのか、NHKラジオの「武蔵特集番組」にお招きを受けたことがありました。歴史小説家の童門冬二さんとご一緒させていただいたのです。童門さんは、優しいお顔に笑みを絶やさない方。そのときに伺った「本当の武蔵」というお話がとても面白かったのです。

「巌流島のとき、佐々木小次郎はボクくらい、七〇のおじいちゃんだったんですよ」と。思わず、「えーっ!?」とびっくり。燕返しの小次郎は、ハンサムでスマートな若者のイメージだったのに……。対して、武蔵はまだ二〇代の若さだったとか。

あのとき私は三〇代の終わり、スポーツジャーナリストの道を歩み続けて一〇年経った頃でした。自信どころか、落ち込んだり、悩んだり、無我夢中の毎日でした。強くなれなければ自信は生まれないと思い、またゆっくり『武蔵』を読みたくなりました。

スポーツの力を信じて

可愛い甥っ子も人生の師

大学で学生たちと過ごしていると、若い人から教えられることは多いなと実感します。私にとっても、出会う人はすべて人生の師。なかでも最も若い師が、私の甥っ子です。甥っ子の蓮は小学六年生の一二歳。トヨタ自動車の研究所に勤務する私の弟の息子で、静岡に住んでいます。私もよく遊びに行きますし、一年に一度は私たち夫婦と三人で旅行しています。蓮が生まれたときから可愛がっていて、めちゃくちゃ仲良しなんです。

甥っ子を見ていると、子どもへの接し方が少しずつわかってきて、教えられることが多いですね。

たとえば、私は発展途上国の子どもを支援する活動をしています。ベトナムやラオス、トーゴなどへ行くことがあるので、甥っ子にも勉強になればと、いろいろ話して聞かせます。「ラオスでは女の子が裸足で井戸へ水汲みに行くんだよ」と話したり、「電気も通っていない村では、かまどに薪をくべてご飯を作るの」と写真を見せたり。

そのとき彼が言ったのは、「ハイハイ、わかった、わかった」と。そして「アケちゃん（私）とユウちゃん（夫）がベトナムへ行ったら、ベトナムのお母さんたちは二人のご飯を作らなきゃいけないから大変でしたね」と、わざとませた口調で答えるわけです。

甥っ子にしてみれば、「教えてあげる」という目線で教育的に言われることに反発もあったのでしょう。小学校高学年くらいになると、女の子のほうが大人びていて、えらそうに話そうものなら、「フン！」とあしらう男の子もいっぱいいますよね。

毎年、運動会も見に行っていて、先生に走りのアドバイスを頼まれたことがありました。蓮が運動会の委員長をしていたので、彼がまず私を紹介し、それから話をするという流れになったのです。「じゃあ、俺が原稿を書くから」と言って書いた紹介文の最後が、「伯母はボクのお財布です」と。会場はもう大爆笑でした。

伯母としてはついお節介になってしまって反省しきり。この頃はよく、「俺はアケちゃんとは大違いだ」と素っ気なく言われます。私はまだまだ男の子の気持ちをわかっていないようです。

スポーツを通して伝えたいこと

振り返ると、蓮が一年生のときに運動会へ行って、思わぬ光景を見ました。子どもたちが待機している場所で、同じクラスのがっちりした子に顔をつつかれたり、ヘッドロックされたりしていたんです。けれど、彼は何も言わず黙っていました。運動会が終わった後に皆で焼き肉を食べながら、聞いてみたんです。「蓮ちゃん、あの子にひどいことされても、なんで『やめてよ』って言わなかったの?」と。その瞬間、彼は自分が座っている椅子に向かって、逆立ちするように頭を強く押し付けます。「どうしちゃったの?」と慌てて声をかけると、Tシャツで顔を隠しながら、おいおい泣き出してしまって。私は男の子のプライドを全然わかっていなかったんですね。

小さくほっそりしていた甥っ子もだんだん頼もしくなっていきました。二〇一九年に岐阜でジャパンパラ陸上が開かれ、弟家族も観戦に訪れました。当時、八歳だった甥っ子は、義足の選手に対して「(義足を付ける)足は痛くないの?」など、気になったことを次々と質問し、私はドキドキしました。でも、そんな経験を経て、大会後には何事も積極的に取り組むようになったのです。

甥っ子の成長を見守りながら、私も子どもたちの気持ちを学んでいます。昔は小学校の教員に憧れていて、その夢は果たせなかったけれど、スポーツを通して子どもたちに伝えたいことがあります。

それは体力をしっかりつけてほしいということです。人を木にたとえると、体力というのは自分を支える根っこになるもの。その根っこがしっかり張っていないと、太い幹へと育たない。太い幹ができるとそこから枝葉がわかれていき、音楽家になりたい、学者になりたい、政治家やスポーツ選手になりたい、という未来への意欲が湧いてくると思います。

子どもの頃にしっかりと体力をつけて、自分を支える根っこを作っていくことを、私たち大人も応援していきたいですね。

開発途上国の暮らしぶりを伝える

私が二〇〇八年から参加しているのが、「プラン・インターナショナル」で開発途上国の女の子を支援する活動です。

プラン・インターナショナルは、子どもの権利を守り、貧困や差別のない社会を実現するために世界七五か国以上で活動する国際NGOです。創立は一九三七年。海外では約一〇八万人の支援者がいて、とりわけ女の子や女性への支援に力を入れています。

プランでは「Because I am a Girl」キャンペーンを展開し、教育などの支援プロジェクトを通して、女の子たちが「生きていく力」を身につけ、途上国の貧困が軽減されることを目指しています。

この活動を知ったのは、プラン・ジャパンの設立二五周年を記念する会に招かれたときのこと。途上国の子どもが書いた作文の朗読を頼まれたのがきっかけで、評議員になってほしいと言われました。私は子どもに恵まれず、何か支援したいと思っていたところだったのでピッタリでした。ボランティアで引き受けることにしました。

数年に一度、どこかの国を訪れて、現地の女の子やお母さんたちと交流します。その暮らしぶりを手記にまとめて伝え、賛同してくれる人へ寄付をお願いしています。作家の角田光代さんともこの活動を通して出会い、一緒に走ることを楽しむ友だちとしてのお付き合いが続いています。

私が最初に訪れたのはラオスの山岳地帯です。日本でも五〇年くらい前に見られたような田舎の風景が印象的でした。滞在したのは北部のボケオ県で最も貧しいといわれるパーウドム郡。早苗が風に揺れる田園風景が広がり、朝焼けに赤土がいっそう赤く染まる道を農作業に向かう親子が歩いていました。田んぼのあぜ道を鶏やカモがぞろぞろと行進し、人間も動物も一緒に暮らしている自然な姿が心地良く、何となく懐かしい気持ちが込みあげてきたのです。

ラオスの山岳地帯で一緒に走った日

中心部から車で二〇分ほどのモクソ村へ。そこには小学校の校庭の脇にプラン・ジャパンの支援で建てられた新しい幼稚園がありました。白く四角い可愛らしい園舎です。

なぜ幼稚園かというと、小学校では公用語のラオ語で授業が行われますが、山あいの村々では民族独自の言葉を話すため、理解できずに一～二年でやめてしまう子どもが多いのです。そこで幼稚園でラオ語にふれて、小学校へつなげるための準備をするというわけです。

約二〇〇人の子どもたちが園舎の前の草むらに並んで、私を待っていてくれました。でも、どの子も珍しいものを見るような目でこちらを見つめているばかり。「サバイディー（こんにちは）」と両手を合わせて挨拶しても、表情を和らげず、なかなか打ち解けてくれません。ふと足元を見ると、裸足の子どもが多いのです。私は声をかけてみました。

「あの坂の上まで走ろうか」

みんなで赤土の道を走りました。すると、さっきまでとは打って変わり、走りながらずっと笑顔を向けてくれる子、折り返す前にギュッと手を握ってくれる子など、とてもフレンドリーです。あらためて、一緒に汗をかくことは言葉以上に心を通わせるものだと感じました。子どもたちと走り終わった途端、激しいスコールに見舞われました。園舎の軒先で肩を寄せ合いながらの雨宿り。お互いの、体と心の距離がぐんと近くなりました。

さらにその村から車で一〇分ほど山奥へ向かい、モン族の住むタンパケ村へ。赤土の道には電柱も電線も見当たりません。プランの奨学金を受けて、学校へ通っている子の家にお邪魔すると、草ぶきで竹の壁、広さ一二畳ほどの土間で家族一〇人が暮らしていました。薪で料理する台所には大きな鍋がひとつ、食器も数えるほどしかありません。まったく電気を使わない生活を送っていたのです。

一二歳の長女のパジョンちゃんは、村の小学校を卒業し、この秋から中学へ進むのだといいます。「将来は看護師になりたい」と恥ずかしそうに夢を語ってくれました。

農業が唯一の産業であるこの村では、子どもも重要な働き手です。彼女のお母さんは凛とした美しい人で、自分は学校に行けなかったので字も読めないし、農業しかできないと話していました。だから、「子どもたちには学校で勉強して、いろんな仕事に就いてほしい。私は一人で畑に出てもいいので」と。

彼女のようなお母さんが増えれば、この村の教育はきっと変わると思いました。家族の温かな笑顔が、電気のない薄暗い部屋でもまぶしく見えました。

トーゴの女子サッカーチーム

二〇一四年七月には、アフリカ西部のトーゴを訪ねました。国民一人当たりの所得は年間約五万円。西隣のガーナの三分の一という世界最貧国の一つです。

貧しい国では特に女の子が劣悪な環境に置かれています。何事も男の子の後回しにされて教育や医療を受けられなかったり、早すぎる結婚を強いられたり。性暴力や人身売買のターゲットにもなってしまうなど、普通の生活を送ることさえ困難な状況のもとで暮らす人もいます。

しかし、トーゴでは女の子の人権問題を解決して社会進出を促すために、女子サッカーチームが村ごとに作られているという話を聞きました。私は、ぜひこの目で見てみたいという衝動にかられ、その遠い国へ向かったのです。

国のほぼ中央に位置するソコデという町では、農村部の一二歳から一八歳の女の子を対象に二〇チームが作られていました。当初は、女性が足を見せるなんてとんでもないなどと、村の長老や保守的な親たちが反対したそうです。それでもプラン・トーゴのスタッフの働きかけもあって、今では長老や村の男性たちが遠くの試合にも応援に駆けつけるようになりました。

私が訪ねた日には地元チームと近くの村のチームとの親善試合が行われました。雑草を刈っただけの原っぱのようなグラウンドは、ゴールラインの一メートル後ろがトウモロコシ畑で、ときおり鶏の親子が横切っていきます。そんなのどかさとは対照的に、会場には老若男女約四〇〇人が集まり、太鼓を鳴らして踊りながら試合開始を待っていました。

サッカー場に現れたユニフォーム姿の女性たちは短髪で背が高く、体も引き締まっていて、たたずまいからしてカッコいいのです。試合が始まると太鼓の音は一段と勢いを増し、ボールがゴールに迫るたびに歓声が大地に響きました。

試合はPK戦の末、地元チームが勝利し、フィールド内に観客がなだれ込んで皆が踊り出しました。もっとも感動したのは、がんばる女性を男性が自然に応援している姿。

試合後、両チームの選手たちに話を聞いてみると、サッカーをして変わったことは、「大きな声で話せるようになった」「親が私の意見を聞いてくれるようになった」「自分に自信が持てた」という返事。「将来はジャーナリストになりたい」と話す少女の目も輝いていました。私が想像していた以上に、サッカーは選手や村人たちの心を動かしていたのです。

支援の〝バトンリレー〟をつないで

プラン・トーゴでは、障がいのある子どもを地域ぐるみで支えるための活動も行っていると聞き、二つの村を訪問しました。

カダンバラ村に暮らす、ろうあ者のリシャラさんは職業訓練を受け、美容師を目指しています。青いブラウス姿でとてもオシャレな一七歳。「美容師の先生との出会いで、娘も生きる意欲をもつようになりました」という母親の言葉が印象的でした。村の中ではプランのスタッフだけではなく、村人が身近なところで支え合っています。

さらに山間部で貧しいパッソワデ村では、親戚同士の結婚が多く、保健医療サービスも充実していないため、障がいのある子どもが生まれるそうです。小学校の校庭にある大きな木の下では、プランのトレーニングを受けたボランティアの青年が村の人たちに障がいについての話をしていました。

「障がいの種類にはどんなものがありますか?」と聞くと、多くの手が上がり、「目が見えない」「歩けない」などと声があがります。すると、青年はその障がいの様子を描いた紙を皆に見せながら、木の間に吊るした白い布に貼っていきます。

「障がいがあるからといって、子どもを家に隠していてはダメです。障がいがあっても仕事はできます」と、美容師や修理工のイラストも貼りだして説明します。おばあちゃんに抱っこされて聞く子どもや大人たちの目も真剣そのもので、「伝える」という啓発活動の原点を見る思いがしました。

私もトーゴのカダンバラ村では、子どもたちと一緒に走りました。用意されたコースは約三キロメートル。スタートラインに並んだ子どもたちはサッカーのユニフォーム姿が目立ち、サンダル履きでも私の前を軽やかに走っていきました。

そして二〇一八年に訪れたベトナムでは、少数民族が暮らす地域で小学校の落成式に参加し、子どもたちとリレー大会を行いました。リレーは初体験のようだったので、まずは私がリレーのコツを伝授。六つのチームに分かれ、バトンを渡す練習からスタートしました。そしていよいよ本番。すると次のランナーがわからず、困った顔で地団駄を踏んだり、バトンを地面に置いてしまったりする子どももいました。それでも夢中で走り、優勝チームは「バンザーイ」と大喜びで、笑顔の花が咲いたのです。

バトンをつなぐ興奮や緊張は世界共通で、協調性も養えます。持参したバトンをプレゼントしたので、リレー文化が根づくといいなと思います。これからも支援の〝バトンリレー〟をつないでいくことで、たくさんの子どもたちの笑顔を見たいです。

朝ドラ『ひよっこ』のナレーション

子どもたちと走っていると、自分の少女時代を懐かしく思い出します。私が生まれ育った南房総の地ものどかな農村の暮らしがあり、田んぼや畑が遊び場でした。家の周りはミカン山に囲まれ、頂上まで一気に駆けのぼると、はるか遠くに真っ青に広がる太平洋を眺めることができました。

お正月になると、父と弟と三人でその山へ出かけ、落ち葉がつもる二キロほどの山道を競争して走りました。父と弟と一緒に競い合ったミカン山でのロードレース。それは幼い日の私に、走ることの楽しさを教えてくれた初めての経験でもありました。

そんな少女時代の光景とどこか重なり合うように感じたのは、二〇一七年にNHKで放送された連続テレビ小説『ひよっこ』の世界です。私はこの作品のナレーションを務めました。

『ひよっこ』の主人公・谷田部みね子は、茨城県の山あいの村で生まれ、六人家族の長女として育った一七歳の女の子。高校を卒業したら、実家の農業を手伝って、祖父と両親を楽にさせてあげたいと思っていた矢先、東京へ出稼ぎに行った父が失踪してしまい、集団就職で東京へ。工場の仕事仲間や幼なじみの親友、洋食屋の家族らに支えられ、ひたむきに生きていく姿を温かく描いたドラマです。

物語は一九六四年、東京オリンピックが目前に迫る秋の一日、みね子が暮らす村でも聖火リレーをしようと決まるところから始まります。アイデアを思いついた同級生の三《み》男《お》は体育教員に相談し、走り方の指導を受けることに。私はなんとその「木脇先生」役でも出演することになったのです。田畑が連なる農道を、颯爽と風を切って走る木脇先生。そのペースについていけず、泣きながら追いかける三男の姿が笑いを誘いました。

私が生まれたのも一九六四年で、自分が生きてきた時代と重なります。のどかな農村で少女の日々を過ごし、東京の街で奮闘するみね子の物語に惹かれました。

たくさんの「心のひだ」を持つ

脚本家の岡田惠和《よしかず》さんが私をナレーション役に指名してくださいました。涙が出るほど嬉しかったです。岡田さんはそれまでも人気の朝ドラ『ちゅらさん』や『おひさま』を書かれています。常に弱い人に心を寄せる、大変優しい方です。台本をいただくと、初回は「おはようございます、増田明美です」というナレーションから始まり、自分でもびっくり。制作のチーフプロデューサーには「昭和の文化をマラソン解説の小ネタ風に説明してほしい」といわれ、なるほどとイメージが摑めました。

それでも最初は私にできるだろうかと不安もありました。実はナレーションでは苦い経験があったからです。初めてナレーションの仕事をいただいたのは、二〇一五年に放送された『佐武《さぶ》と市《いち》捕物控』という時代劇でした。このときも、主役の遠藤憲一さんが「増田さんにお願いしたい」と指名してくださったと伺いました。

ところが、台本を読み込んでもなかなか感情移入できず、棒読みになってしまいます。あまりに下手すぎて、お恥ずかしい出来でした。終わった後、期待をして依頼してくださった遠藤さんに申し訳なくて、お詫びのお手紙を書きました。そうしたら、「そんなことないです。とても良かったですよ」と優しいお返事をいただいて……。ずっと心に残っていて、いつか直接、お礼をお伝えできればと思っています。

『ひよっこ』のナレーションは本当に勉強になりました。まずは内容をしっかり把握して、言葉に込められた意味を理解する。自分がきちんと理解していないと棒読みになってしまいます。そのうえで、観てくださる方を作品に引き込むには、みね子の気持ちになったり、母親の気持ちになったりして伝えなければいけません。想像力を働かせることが必要になってくるのです。でも、私の人生経験なんて微々たるものですから、イメージを膨らますにも限界を感じてしまうのです。

その経験から思ったことは、感情移入が巧みにできる人たちは心のひだが多いのだということです。心のひだとは、悲喜こもごもの人生経験が基本となり、さらに、たとえ自分が経験していなくても、本を読むことで膨らむ想像力によっても培われていくもの。私もそうした心のひだを多く持たなければいけないないなと思いました。

アドリブで出た「ひょっとこ」

それでも『ひよっこ』のナレーションをした経験は、思いがけないところで役立ちました。最近のことなのですが、全国各地にいらっしゃる行政相談委員を顕彰する六〇周年の記念式典があり、講演を頼まれました。その式典に秋篠宮ご夫妻がいらして、お二人にご挨拶する機会に恵まれたのです。

私の前は官房副長官で、お二人がいらっしゃるホテルのお部屋に入るとすぐ出てこられました。SPがずらりと並ぶなか、私も緊張しながら一人でお部屋に入ります。そこでお辞儀をして、「今日はこうした席で講演させていただき、本当にありがとうございます」とお話ししたところ、秋篠宮さまが「いやー、朝ドラの『ひよっこ』が面白くてね」と紀子さまの顔を見られ、「毎日見ていたんですよ」と言われたのです。

嬉しくなって、「ありがとうございます！　私は〝ひょっとこ〟ですが」とお答えしたら、秋篠宮さまが「わっはっはっ！」と笑われたので、すごく驚きました。後で聞いたところ、秋篠宮さまの笑い声は廊下にまで響いたので、ＳＰも何事かとびっくりしたそうで……。

あのときはとっさに出たアドリブでしたが、実は小出義雄監督の受け売りだったのです。テレビで『ひよっこ』が放送されている頃、日本選手権でお会いしたことがあり、そのときに「明美さんよう、朝ドラいいね。毎日見てるよ、『ひょっとこ』！」と褒められて。小出さん、タイトルを間違えていたんです。

なにはともあれ、朝ドラの『ひよっこ』では良い仕事をさせていただきました。まだまだ抑揚もおぼつかないですし、間の取り方や読むスピードもうまく摑めません。でも「ナレーション」という伝える仕事では、これからもっともっとチャレンジしていきたいと思っています。まだまだほんと、ひよっこですから。

第3章

つなげる力

――人の絆を育む

支えることの喜び

「心のレベル」という教え

スポーツジャーナリストとして歩み続けて三〇年。これまで頑張ってこられたのは、書くことが好きで、自分の思いを伝えたいという気持ちが強かったからです。

ちょっと気恥ずかしいのですが、以前、小学三、四年の担任だった先生とお話しする機会があって、「明美ちゃんは作文がうまかったのよ」と褒められました。「たいていの子は原稿用紙の一行目を『今日は……』『私は……』と書き出すけれど、明美ちゃんは『庭のコスモスが開きました』とか細かな描写から入るの」と。今となれば、「こまかすぎる解説者」の芽は子どもの頃からすくすく育っていたのかもしれません。

もともと好奇心が旺盛で、人とおしゃべりするのが大好き。メディアの世界へ飛び込んだものの慣れない現場で恥をかき、いろいろ失敗を重ねながら、前へ突き進む日々でした。人との出会いに恵まれて、仕事は順調に入るようになっていく。それでも満足できず、また新しいことをしたいと気持ちが先走ってしまう。そんな三〇代後半の頃、尊敬する年上の先輩から一冊の本を薦められました。

その方はエステサロンをされていて、庶民的な雰囲気が心地良く、月に二回ほどお顔の手入れに行っていました。私は姉のように慕っていて、あるとき「ここで止まっていていいのかしら。もっと何かできるんじゃないかと……」と相談すると、「あなたにはもっと成功してほしいから、ぜひこの本を読んだらいいわ」と言われたのです。

それはエッセイスト浅見帆帆子さんのベストセラーになった人生論でした。彼女によると、私たちには一人ひとり備わった心のレベルがある、と。「あなたの周りには、あの人は知らないうちに運を摑んでいる、やること全部が成功しているように見える、そんな人はいませんか？」という問いかけから始まって、ではその人は何が違うのかといえば「心のレベルが高いのです」と書かれていました。

言い訳をしない、と決めた

心のレベルが高い人の特徴として、「言い訳をしない」「人のせいにしない」「人に親切にする」などいくつかの項目があげられていました。たとえば、電車が遅れたときに、どうしようかと悩むのではなく、「読みかけの本が読める」などと前向きな捉え方をする。そういう生き方をしていると、自分の心のレベルが螺旋状に上がっていく。だけど、言い訳をしたり、愚痴っぽかったりすると、心のレベルはぐるぐる同じところを回るだけで、上がっていかないというのです。

その本を読んだことが、自分自身を見つめ直すきっかけになりました。

選手時代を振り返れば、マラソンは協調性を重んずるチームプレイではなく、自分の我を通して一人でゴールを目指すスポーツです。私は負けず嫌いな性格だから、マラソンという競技には向いていたと思います。競技者としては、日本記録を塗り替えるほどまで成功できました。

でも社会へ出れば、その我の強さや協調性のなさは受け入れられません。最初にラジオの仕事をしたときは周りの雰囲気が冷ややかになり、一緒に仕事をしていたスタッフも潮が引くように帰ってしまい……。どうしてそうなってしまったのか、自分の悪いところにあらためて気づかされたのです。

二〇代、三〇代の頃の私は、自分のことが可愛いから、何か失敗すると心の中で人のせいにしたり、すぐ言い訳をしてしまったりしがちでした。でも、そのままではなんの向上もないことを知って、まずは「言い訳をしない」と決めたのです。そこから自分が少しずつ変わっていったと思います。

差し入れの定番はドーナツ

テレビの情報番組などに出演する仕事が増えていくと、なおのことチームワークの大切さを感じます。現場では大勢のスタッフが働いていて、ADさんや音声・機械などの技術スタッフは二〇代の若い人たちが多いのです。

毎週土曜日に放送される『サタデープラス』（MBS）では、「幸せいっぱい！自己流ライフ」のナレーションを担当しています。収録は木曜日の夕方五時から二時間半ほどかかるので、おかずパンなどを一人あたりに二つずつ買って、スタッフに差し入れしています。若い人たちはお腹が空くでしょうし、お給料も少ないなかで頑張っているので、ちょっとでもお腹の足しになればと思って。頻繁に食事会もしていますよ。

もともと手土産を差し入れするのは、私の趣味なんです。よく持って行くのは、ドーナツ。素朴な甘さのドーナツはお腹も満たすし、昔ながらの丸く穴のあいた形が懐かしくてほっこりします。「みんなで一緒にがんばろう」という気持ちも伝わって、とても喜ばれるのです。東京陸上競技協会の会長を務めていて、六月、七月は毎週のように大会があるので、ボランティアの人たちにドーナツを差し入れしています。

麻布十番の「豆源」のお菓子も人気で、しょうゆ味のおかきや塩おかきもよく手土産にします。大勢で気軽につまめて、心も和むものがいいですね。

またよくお土産をいただきますが、地元のお菓子などをいただくと嬉しいです。「寮の近くのお店のクッキーなんです」と、東京・国立で寮生活をする鈴木亜由子さんから素敵なお土産をいただいたことがあります。きれいにリボンで包んであって、箱の色はエメラルドグリーン。いろんな形の可愛いクッキーが入っていました。「これが国立のクッキーなんだ」と思ったら、緑豊かな国立の街の風景も目に浮かぶようでした。

うちの実家は千葉なので、地元の名産といえば落花生でしょうか。郷里のいすみ市では落花生は作っていないけれど、産地の八街《やちまた》から取り寄せて大切なお友だちにあげると喜ばれます。千葉県民にとっては味噌や砂糖でからめたピーナッツがお馴染みですが、八街の落花生は皮ごと茹でて食べるのがものすごく美味しいと人気のよう。

旅先でのお土産選びに悩む人もいますが、お土産は旅の楽しさのおすそ分けだと思います。親しい友人に〝かさばらずに可愛いもの〟と決めて、お土産探しをしています。小さなお土産を手に、旅の土産話を喜んで聞いてくれる友の顔を想像すると、楽しい気分になりますね。

応援される選手に

取材の現場で若い人たちと接していると、昔の自分はどうだったかなとふと思い起こすことがあります。

たとえば、今年七月に北海道の士別市でハーフマラソンの大会が開かれ、私もアンバサダーとして参加しました。士別にはいろんな実業団チームが合宿に来ていて、選手たちは合宿の成果をみるためにレースに出場するのです。会場には七〇人くらい集まるので、近くのケーキ屋さんでケーキを七〇個くらい買って、差し入れをします。

私としては選手をねぎらう気持ちでしているのですが、彼女たちの返事はさまざま。「ごちそうさまでした。美味しかったです」と言ってくれる選手はいるけれど、ひと言もない選手もいます。そんなとき、自分の選手時代はどうだっただろう……と考えてしまうのです。

あの頃の私は我が強く、周りの人への気遣いもあまりできていなかったかもしれません。でも、可愛げのある選手だったら、たぶんもっと応援されていたかもしれないですね。

私も取材する側になって、やっぱり人間だから可愛げがある選手に惹かれます。それは、愛想がいいとか、見た目が可愛いとか表面的なことではなく、人を気遣う優しさや素直さなど人間的な魅力があるということです。

パラスポーツの中西麻耶さんを取材したときのことでした。義足の陸上選手で、二〇一九年にドバイで行われた世界パラ陸上競技選手権では走り幅跳びで金メダルに輝きました。華やかなスター性のある選手ですが、人としての魅力も兼ね備えています。一緒にご飯を食べたときに、彼女から聞いたエピソードが心に残りました。

中西さんはアメリカで指導を受けていた時期があります。尊敬しているアル・ジョイナーコーチから言われたのは、「マヤ、応援される選手になりなさい」と。だから、自分がいちばん大事にしているのは、周りの人から応援される選手であり続けることだと話していました。

彼女は大分県の出身で故郷を愛しています。大分で地震災害が起きると、すぐに駆けつけて被災地をまわったり、子どもたちを励ますために一緒に走ったり、ボランティア活動もがんばっています。そんな人柄も愛されて、地元ですごく応援されているのです。

素直な言葉は愛される

私が取材していて好感をもつのは、「ありがとう」という言葉を自然に言える人です。最近の選手は優勝後のインタビューでもまず「応援してくださった方々のお陰です」と感謝を伝えます。とても良いことですが、真心から言っているのかどうかは聞いているとわかります。心がこもっていないと感じる人もいれば、言葉遣いは多少荒くても「ありがとう」という素直な気持ちが伝わってくると、こちらも嬉しいですね。

陸上選手では福士加代子さんも好きな選手の一人です。大会の取材でレース前に会うと、彼女は「増田さん、今日はテレビの仕事ですか、それともただの取材ですか?」とこちらの状況を気遣ってくれます。その後、レースの結果が良くなかったとしても、あまりメソメソすることはなく、「次のレース、がんばります!」と明るい笑顔を見せてくれるところが素敵で、応援したくなりますね。

競技が終わった後に「申し訳ありませんでした」と、応援してくれた人たちに詫びる選手もいます。東京オリンピックの翌年に行われた世界陸上で九位となった松田瑞生さんの言葉は痛々しく感じました。

なぜなら、彼女は東京五輪で補欠という悔しさを味わいながら、さらに練習を重ねて出場権を取り、臨んだオレゴン世界陸上です。日本選手二人がコロナ感染により欠場する中でスタートを切り、アフリカ勢が揃うレースで、ずっと先頭のほうを走り続けました。たとえ九位でも、「私、がんばりました」と自分をもっと褒めてほしいと思ったのです。瑞生さんはいっぱい苦労したから、悟りの境地から生まれた言葉だったのかもしれませんね。

アトランタ五輪で銅メダルを手にした有森裕子さんは「初めて自分で自分を褒めたいと思います」と語って、流行語にもなりました。小出監督は「有森は俺を褒める前に自分を褒めた」とムキになっていて、微笑ましかったです。それでも自分の気持ちを素直に言える選手は、ファンが増えると思います。

パラスポーツとの出会い

パラリンピックと関わるきっかけは、二〇〇九年のアジアユースパラゲームズでした。私は日本の選手団長を務め、若い選手たちの中には、車いすテニスの上地結衣さんや競泳の木村敬一さんたちがいました。皆、明るく可愛くて。代々木のオリンピックセンターが宿舎でしたが、周りは桜の木が多かったので毛虫騒動が起きてしまい大騒ぎ。そんないろいろな事件も楽しくて、今でも笑い話になっています。

当時、木村さんは日大の一年生で、選手団の主将でした。挨拶が抜群にうまく、ユーモアもまじえて滑らかに話します。「敬一君のあとは、ほんとに話しづらいわ」と私が言うと、「僕は、何も見てませんから」と。全盲で原稿を読んでいないから、と返してくるんですね。「将来、何になりたいの?」と聞くと、「小説家か、お笑いかな」と。その後の成長は目覚ましく、東京パラリンピックでは金メダルを手にしました。

上地さんも日本の顔としてどんどん強くなっていきました。後に再会したとき、「結衣ちゃん、覚えてる？」と聞いたら、「覚えてますよ！　あのときは楽しかったですね」と言ってくれて。彼女たちとは今でも仲良くしています。

さらに二〇一二年のロンドンパラリンピックでは、大会前に北海道で合宿する選手たちを取材しました。深川市では車いすのマラソン選手が合宿をしていて、ロンドンの石畳で曲がり角が多いコースを想定して、河川敷で練習していたのです。すると、CS放送の「スカパー！」から「リポーターをやってください」と頼まれ、以来、ロンドン、リオデジャネイロとパラリンピックの陸上競技をリポートしてきました。

オリンピックとパラリンピック、いずれも選手を取材する姿勢は変わりません。レースに臨むまでの日々を追う中で見てきた、選手の魅力と競技力を伝えることです。

それでもパラスポーツの取材となると、自分なりのこだわりもありました。最初の頃はよく、「どうして義足になったのか」「どうして車いすになったのか」という理由を深く聞いていたのです。そうした試練を乗り越えてきたから、今があるということが大事なところだと思ったので、それを伝えたかったからです。ところが、選手のほうから、「増田さん、もっと競技者としての自分たちの姿を伝えてほしいです」と言われたことがありました。ロンドン大会の二〇〇、四〇〇、八〇〇メートルと三種目でメダルを獲った車いすランナーの伊藤智也さんです。その言葉を聞いたとき、ハッと目が覚める思いでした。私はまだパラの選手を最初に「障がい者」と捉えていると気づき、もっと選手としての格好良さや競技力を伝えなきゃいけないと思いました。

残されたものを最大限に生かせ

東京パラリンピックに向けて取材していると、パラ選手の競技力のすごさをあらためて実感する機会が多くありました。

高桑早生《さき》さんという女子の走り幅跳びの選手がいます。慶應大学卒のパラの選手で、コーチの高野大樹さんは東京五輪一〇〇メートル出場の山縣亮太さんや一〇〇メートルハードルの寺田明日香さんも指導しています。高野さんは、高桑さんを指導するなかで同じ慶大出身の山縣さんから「自分もお願いしたい」と声をかけられたそうです。その後、山縣さんは九秒九五の日本記録を樹立。東京五輪の代表も摑みました。

「僕は何もしていませんよ。寺田さんや高桑さんと一緒に練習するなかで山縣君がさらに明るくなったのが良かった」と高野さん。指導で大切にしていることは、「よく選手と会話することと、型を持たないこと」といいます。つまり、一人ひとり骨格が違い、アキレス腱の長さも違う。パラの選手の障がいは個々に違うので、その指導が五輪選手にも応用できるのだと。「山縣君は一緒に練習する高桑さんの動きにヒントがあると言っています」と話していました。

「パラリンピックの父」と呼ばれるルートヴィヒ・グットマン博士は、「失ったものを数えるな。残されたものを最大限に生かせ」という言葉を残しています。

かつて北京五輪英国代表になった女子マラソンのマーラ・ヤマウチさんも、英国ではオリンピックとパラの選手が南アフリカで一緒に強化合宿を行うと話していました。「残された機能を最大限生かそうとするパラの選手の動きは、とても参考になる」と。競技力という面では、パラのトップ選手はそのレベルまで達しているということですね。

人間性の魅力も伝えていきたい

私が取材していて感じるのは、人としての面白さです。パラの選手と接していると、オリンピックを目指す人たち以上に明るいなと思います。それはなぜかというと、やはり競技者になる前に事故や先天性の障がいなどの試練を経て、ひと山越えているからなのでしょう。前向きで明るくて、一緒にいるとすごく楽しいのです。

そして、パラの選手はやんちゃな人が多いですね。たとえば、陸上の山本篤さんは高校時代にバイクの事故で左足の大腿部を切断。「ガーンと落ち込んで、死にたくなりましたよ」と話していました。それでも競技用義足に出会い、恩師から「パラリンピックに出ればいい」と勧められたことで目の前に光が見えたのだと。パラリンピックでは三大会連続出場を果たしてメダリストに。今は陸上競技とスノーボードの二刀流で活躍しています。

やんちゃといえば、車いすランナーの佐藤友祈さんも面白い選手です。もともと役者になりたかったそうで、自分を表現するのが上手。行きつけの理髪店があって、髪の毛の色が会うたびに違っています。東京パラでは男子一五〇〇メートルで優勝。後ろで束ねた青い髪が嬉しそうに揺れているようでした。ゴール近くのスタンドで日の丸を掲げていた私たちに、ガッツポーズで「ありがとうございました」と笑顔で答えてくれました。

友祈さんの元気のもとは、妻の麻由子さんが作ってくれるお味噌汁。麻由子さんは鳥取の実家から送られてくる合わせ味噌で、毎朝具の違うお味噌汁を作ってくれるそうです。彼は結婚してからぐんと強くなりましたね。

パラの選手たちとは本音で話し合える感じがあって、居心地がいいのです。女性の選手とはプライベートの話も盛り上がります。

中西麻耶さんは、「サラ」という名前の犬（ラブラドールレトリバー）を飼っています。サラはヘブライ語で「王女」の意味。サラちゃんも女王様気質で、「家では女どうしお互いに譲らず、ケンカすることもありますよ」と麻耶さん。実はサラちゃんもアスリートで、アジリティ（犬の障害物競争）を行っているのです。しょっちゅう二人で練習に行くそうで、一緒にいるときがいちばんのリフレッシュのよう。

彼女も本当に競技者としての意識が高い選手です。アメリカのコーチに教えてもらいたくて、その人にコーチ料を払えるように頑張って仕事をしたり、スポンサー探しをしたり、懸命に努力する姿をずっと見てきました。

そうしたパラの選手たちを好きになってもらいたいので、競技力はもちろんのこと、人間性や魅力をどんどん伝えていきたいと思っています。

「ゆきわりそう」の子どもたち

私は二〇代の頃、知的障がいをもつ子どもたちに走ることを教えていました。きっかけは、現役の選手時代、東京・東長崎で「ゆきわりそう」という地域福祉研究会の会長をつとめる姥山寛代さんと出会ったことでした。「ゆきわりそう」には知的障がいをもつ人たちが集まり、音楽や絵画、スポーツなどに取り組んでいます。

姥山さんはそれぞれの個性を活かすためには豊かな経験をさせたいと、ユニークな活動をしていました。音楽のクラスではベートーベンの第九交響曲を歌うためにドイツまで出かけ、水泳のクラスではオーストラリアへ行ってイルカと泳いだりするのです。

当時、私はケガが続き、マラソンを続けることを悩んでいた時期でもありました。そんなとき、姥山さんの言葉が心に響いたのです。

「あなたは強い世界で生きてきたけれど、世の中は強い人ばかりじゃなくて、いろんな人がいるのよ」

陸上競技という限られた世界しか知らない私は、自分にも何かできることはないだろうかと考え、週に一度、子どもたちにジョギング教室で指導することになりました。

家族の皆さんに頼まれたのは、「夜、子どもが眠れるようにしてください」ということ。自閉症の子は夜中によく起きてしまうので、お母さんも気になって起きるそうです。「じゃあ、いっぱい走ればいい」と思って、初めは週二回通っていたら、お母さんから、「ほんとにぐっすり眠れるようになりました」と。まず喜んでもらえたのがそこでした。

最初は滑り台やジャングルジムなどがある小さな公園で、ぐるぐる走る練習をしていました。ところが、自閉症や知的障がいの子どもは普通に走れるので、「さあ、走ろう！」と声をかけると、勢い余って急に道路へ飛び出してしまう。怖くてしかたがないので、スタッフとどうしようかと話しているうち、「ゴールを作ろう」というアイデアが出ました。

スタッフが紙テープを持って、ゴールで待ちかまえます。子どもたちには「『ヨーイドン』でスタートしたら、ジャングルジムを登って、滑り台を滑って、最後はあそこがゴールね」と説明します。すると、子どもたちは嬉しそうに走って、ゴールに入ってくるようになったのです。

私も目標を見失って苦しんでいる時期でした。でも、子どもたちを見ていたら、ゴールという目標を持って走ることが大事。それが頑張る意欲につながるのだと気づきました。子どもたちと一緒に走っているうちに、いろんなことを学んでいる自分がいたのです。

光に満ちたマラソンのゴール

さらに姥山さんと話すうちに浮かんだのが、マラソン大会を開こうという計画です。その頃、四〇〇メートルトラックのグラウンドがある城北公園で練習していました。子どもたちはそのグラウンドへ行くと、ゆっくりではありますが、休みなくずっと走り続けます。ひとつのことに打ち込むことができるのも自閉症の個性なので、指導の仕方によってはいずれマラソンを完走できるのではないかと思いました。

五キロのコースを考え、場所は「ゆきわりそう」のニワトリ小舎という別荘がある群馬県松井田町で開くことに。大会名は「夢伝《ゆめでん》」と決まりました。

「駅伝は競争だけど、夢伝は一人ひとりが自分のペースで、自分のゴールへ向かえばいいね」と。タスキをつなぎながら競いあうのが「駅伝」なら、人と人の夢をつなぎながら楽しく走るのが「夢伝」です。

そんな願いが実現し、一九九三年、一〇月一〇日の体育の日に初めて開催されました。「夢伝」は、私が大会本部長を務める障がい者中心のマラソン大会です。車いすの人たちも参加します。ウォーキングやランニングなど、それぞれ「自分らしい五キロ」に挑みます。開催地も、東京の皇居周辺や伊豆七島の八丈島などへ広がりました。

練習会は途中からスタッフにバトンを渡したのですが、つないでくれたスタッフの力で、最後はホノルルマラソンを走り切りました。私は残念ながら参加できなかったのですが、姥山さんから素敵な報告を受けました。

五人の子どもたちが、四二・一九五キロのコースを完走。最後は苦しい表情でゴールする人たちが多い中で、その五人だけはまるで天使みたいな羽が生えているように軽やかにフィニッシュを飾ったそう。みんな明るい笑顔でゴールし、そこだけ光に満ちているようだったと伝えてくれました。

心のぜい肉を落とす

私にとって走ることは日常なので、朝起きてまず顔を洗うようなものです。毎日走らないと気持ちが悪くて、体がむくんでいるような気がします。よく人に話すのは「走っていると、体のぜい肉と一緒に心のぜい肉が落ちますよ」と。心に溜まった余分なものがすっきり落ちる感じでしょうか。

走ることでバランスがとれて、自分らしくいられる。今日はちょっと外に出たくないなと思っていても、走っているうちに気持ちも前向きになっていくのです。

今ではマラソン大会も日本全国で開かれていて、市民ランナーも年々増えています。ともに走ることで、人の輪が広がる楽しさ。それは現役時代には味わえなかった喜びでした。私もゲストとして招かれることが多く、いろいろな人たちと出会います。ランナーと話をすると、本当に走る目的は人それぞれですね。

iPS細胞の研究で知られる京都大学の山中伸弥教授とお話ししたことがあります。あれだけ研究に没頭していて多忙な方だから、ドアを開けたらすぐに練習場があるという身軽さで走っているのかと思っていました。でも、まったく反対だったのです。

山中さんは「研究とマラソンは似ている」と言います。彼は練習でもかなり速いペースで走り、自己ベストを更新することを目指すそう。常に自分との闘いなのです。研究では、いかに一所懸命やってもなかなか成果が現れず、地獄を見るような苦しみもある。けれど、苦しいだけでなく、目標を達成する喜びもあるのはマラソンも同じ。「研究と似ているから、マラソンを走っている」と聞き、どこまでも闘う人なのだと思いました。

自分を変えたいと思って走っている人もいます。人間ドックの結果で中性脂肪の数値が気になり、痩せたいと思って走っている人。中高年になって何かにチャレンジしたいとランニングを始める人。速く走る人がいれば、ゆっくり走る人もいて、それぞれ自由なペースで楽しめるのもいいと思います。

私が走る目的は心のぜい肉を落とすことなので、ふだんは夫と一緒に一日一時間、一キロ七〜八分のペースで走っています。遅すぎてたまに蚊に刺されることも。周りの景色を眺めながら、ゆっくりと。さらに旅先では観光ランニングがお勧め。国内や海外を旅するときはジョギングシューズを持参して、地図を見ながらいろんなところを走るのが至福の時間です。

スポーツは「する、観る、支える」

毎年一二月、郷里の千葉県いすみ市で開催するのが、「いすみ健康マラソン〜増田明美杯」です。「身近な田舎を走ろう！」がキャッチフレーズ。ふるさとを活性化したい、元気にしたいという気持ちで開催しています。スポーツは、「する、観る、支える」ことで地域の「文化」として根付くといわれているのです。

いすみは「癒しの里」として親しまれています。田園風景や里山が広がり、槙塀《まきべい》といって槙の生け垣が続く街並みがきれいなんです。市民ランナーの人たちには、ふだん都会の生活で疲れていても、ここで心和むひと時を過ごしてもらえたらいいですね。

地域の皆さんも元気で、婦人会の方々は張りきっていろいろ手料理を用意してくれますし、消防団の人たちは選手の警備にあたってくれます。白バイ隊が協力してくれたり、地元の国際武道大学の学生の皆さんがお手伝いに来てくれたり。高齢化が進んで沿道の声援は少ないから、「じゃあ、案山子《かかし》をつくって出そう」と盛り上がりました。

JR東日本も特別列車で輸送に協力してくれます。もともと「駅伝」は、大宝律令の時代に生まれた「駅馬伝馬《えきばてんま》」から始まったもの。役人が国の連絡事を伝えるため、各地に配置された「駅」におかれた馬に乗り継いで移動したのだそうです。マラソンとは切っても切れない縁なので、家族的な絆を感じます。

マラソン大会は、地域と市民ランナー、地元の人たちの交流の場にもなりますね。実家の父は七〇代後半で初めて、五キロのレースに出場しました。もともと体が丈夫で元気いっぱいの父、いちばん後ろからスタートしたのに前のほうでゴール。「みんな、遅いなあ」と笑顔で話す姿に、恐れ入りました。

私は選手時代からずっとふるさとの人たちに応援してもらってきました。今は支える側になったことで、地域とランナーがつながっていくことに喜びを感じています。スポーツは「する、観る、支える」ことで、人の絆も育んでくれるのですね。

一歩一歩、前へ向かって

私が憧れるロールモデル

人との関係をつなぐために心がけているのは、出会う人に関心を持つこと。前述しましたが、スポーツ選手の取材でも、テレビやラジオの仕事でも、初めてお会いする人のことはとことん調べていきます。相手のことを知らないと質問もできないし、会話もふくらまないでしょう。一方、こちらは調べていくけれど、相手が私のことを全然知らなかったり、挙句の果てには「松野明美さん？」と言われたりすると、がっくりして、そこから会話も進まなくなってしまうものです。

マザー・テレサさんの名言のひとつに、「愛の反対は憎しみではなく、無関心である」という言葉があります。良い関係を築いていくには、やはりお互いに関心を持つことが大事。相手を気にすることがまず第一歩だと思います。

私には若い人への気遣いがとても素敵だなと憧れる女性がいます。ある大手メーカーの社長のご夫人で、十数年来のお付き合いになるヒロコさんです。彼女との出会いは、私がその会社の講演会に呼ばれたときのこと。「ありがとうございました」とお礼状を書いたところ、その手紙を読んで「会いたい」と声をかけてくださったのです。お宅へ伺って、一緒にお食事したのが始まりでした。

ヒロコさんは若い人を応援したいという気持ちが旺盛なのです。お宅にはいろんなジャンルの人たちが集まって、お料理が趣味というヒロコさんが手料理でもてなしてくださる。初めて会うメンバーも自然に親しくなり、良い情報交換ができる交流の場になっています。

三人の子どもを育てあげ、英語の教師もしているヒロコさんはいつも前向きでパワフル。仕事や家庭の問題で落ち込んでいたり、悩みを抱えて弱っていたり、そんな人たちを放っておけないようです。どんなときも親身になって話を聞いてくれて、励ましてくれる。だから、彼女に会うと、皆が元気になるのです。

今、六〇代半ばのヒロコさんは、若い人たちを育てることが自分たち大人の務めだといいます。良い意味で〝お節介〟なヒロコさんは、私が目指すロールモデル。これからは私も若い人たちを応援する大人でありたいと思うのです。

「人生案内」で社会を知る

読売新聞の「人生案内」で回答者を頼まれたのは二〇〇七年。最初はすごくプレッシャーを感じました。なにしろ大正三年に始まった「身の上相談」から続く長寿連載です。絶大なファンがいて、「読売新聞を開いたときに『人生案内』から読む人も多い」のだとか。私も、陸上の世界ではいろいろ山あり谷ありと試練はあったけれど、人生経験が豊富なわけではなく、「はたして務まるのかな……」と不安もありました。

実家に電話して伝えると、母も昔から「人生案内」の大ファンで、新聞を開くとそこから読むとのこと。「あなたで大丈夫なの？」と心配そうでした。夫は、「ところで僕の相談は誰にしたらいいんだろう」と真顔でぽつり。

最初は三年くらいのつもりで始めたのですが、かれこれ一四年続いています。

他の回答者の先生方とのバランスがいいのだと思います。評論家の樋口恵子さんはまさに老いの相談や八〇五〇問題などをびしっと語られますし、作家の出久根達郎さんは厳しく叱咤激励する回答が持ち味です。ノンフィクションライターの最相葉月さんは切れ味抜群で、キャリアウーマンにはしびれる回答でしょう。弁護士さんやお医者さまもいらっしゃいます。私の場合は、その人のことを認めて励ますことを心がけ、お手紙を書くような気持ちで回答しています。

私のところに割り当てられるのは若い人からの相談が多いですね。自分に自信を持てなくて、人から言われたことを気にしてしまうという相談。学校での人間関係に悩み、心を開ける友だちが欲しいという人。陸上競技の練習に前向きになれない、試合に負けて責任を感じるなど、部活動の相談もあります。今はＳＮＳの時代なので、友だちのブログが気になる、自分は疎外されているようで怖い、といった悩みも増えています。

最近受けたのは、専業主婦からの相談で「長年つき合っている友だちは働いていて、『専業主婦はいいわよね』といわれた」と。でも、自分は家事も子育ても一人ですべてやっているし、父親の介護もしているのに……と、辛い思いを吐露されていました。

職場の上司から責められて落ち込む三〇代女性。家庭に無関心な夫との離婚を考える四〇代主婦。三〇代半ばの息子が結婚したがらないのが心配という六〇代男性……。さまざまな悩みを聞くことで、世の中の状況がよくわかります。私自身も今は母の介護が大変で、家族だけで抱えてはいけないと身につまされる相談もありました。常に広く社会にアンテナを張っておかなければと思っています。

相談者へ返事を書くつもりで

相談者に手紙を書くように回答しているのは、最初にお伝えしたように、自分自身が人生でいちばん苦しかったときに手紙に救われたからです。ロサンゼルスオリンピックで途中棄権してしまい、三ヵ月あまり会社の寮に閉じこもって死のうとも考えたとき。私を励ましてくれたのが手紙でした。「明るさ求めて暗さ見ず」と大きな文字でひと言書かれた葉書。便箋一〇枚近くに苦難の人生を綴り、「マラソンも長いけど人生はもっと長い。元気出してください」と励ましてくださった七〇歳過ぎの方。お手紙の言葉が心に沁み、元気を取り戻すことができました。

こうして相談を受けていると、誰しも生きることにすごく前向きなのだと感じます。どんなに辛くても頑張って前に進もうとしているから、メールや手紙で自分の悩みを書いて送ってくるのでしょう。だから、その人の心を軽くしてあげたい。そして前に一歩を踏み出すきっかけになればと思っています。

マラソンという競技も、ランナー同士で励まし合い、沿道の応援に背中を押されながらも、結局は自分の体を自分の足でゴールまで運んでいく。苦しいときも前を向いて進んでいかなければいけません。

人生において苦しいときは、私の手紙で少しでも心が軽くなればという気持ちで、お返事を書いています。

結婚は、呼吸が楽な人と

では、私が自分の悩みを誰に相談するかといえば、夫です。私は外面がいいというか、外で我慢していることを家の中でバンバンぶつけてしまいがち。それでもすべてを受けとめてくれるので、「申し訳ないな」と思いながらも感謝しています。

夫とうまくいっているのはたぶん、お互いに〝親分肌〟と〝子分肌〟だからだと分析しています。彼自身も、「自分は子分肌だ」と言っています。だから、家の中にボス猿が二匹、という状況にならずにすむわけです。私が強く何かを言っても、彼は「わかった、わかった」とまずは受けとめる。一歩引いて、常に主導権を握らせてくれるのです。

人生案内でも「結婚とは何？」と質問されますが、私が答えるならば「一緒にいて呼吸が楽なこと」。夫と出会ったときから感じていました。

夫の木脇祐二と出会ったのは二〇〇四年、アテネ五輪が終わって間もない頃。サンプラザ中野さんと私が『走る塾』という共著を出し、出版記念の食事会をしたときのことです。サンプラザさんが「僕の二〇年来の友だち」と連れてきたのが、木脇でした。

私はオリンピックの祝賀会もあったので途中から参加して、ほろ酔い気分でおしゃべりしていたら、彼は私のあまりの明るさにびっくりしたよう。サンプラザさんが「木脇君、増田さんの携帯電話聞いておけば？」と言うので、箸袋に書いたのが始まりでした。

その後、一一月に「河口湖へ紅葉を見に行こう」と誘われ、ドライブしたのですが、帰りの高速道路が混んで大渋滞に。でも、車の中でいろいろおしゃべりしていると楽しくて、すごく居心地が良かったのです。私はせっかちな性格だけど、彼は物腰が柔らかくて穏やかな人。その穏やかさに救われ、一緒にいて呼吸が楽だったのです。

「増田明美の夫」としてビジネスパートナーとして

出会いから四ヵ月で結婚、私が四一歳のときでした。実際に二人で暮らしてみると、思いがけない行動に驚かされることもありました。

二〇〇七年に東京マラソンが初開催されたときのことです。サンプラザ中野さんが一〇キロのレースに出場。夫はフルマラソンに挑戦しました。スタート後、フジテレビの中継車がサンプラザさんを狙っていて、その隣へ挨拶に行った夫の姿も映ったのです。すると、背中のゼッケンには「増田明美の夫」と書かれていて、すっかり話題になってしまい……。私は報道センターで実況放送していたのですが、まさか夫が映るとは思わず、「ワーッ、恥ずかしい！」と声をあげてしまいました。

彼もまさか話題になるとは思わず、ちょっとした遊び心だったようです。本人に聞くと、「盛り上がると思ったから」と。つまり、自分がただのナンバーで走っていても誰とも話ができないけれど、「増田明美の夫」だったら、他のランナーたちが面白がって声をかけてくれると思ったらしいのです。実際に「本物？」と聞かれたりもしたそうで、そういうお祭り気分が好きというか、基本的に性格が明るいんですね。もちろん賛否両論あると思うけれど、堂々とやってしまうところはすごいと感心した出来事でした。

私の仕事についても、自分がどういう位置づけでいたら、「増田明美」は仕事しやすいかと常に考えてくれます。もともと金融関係の企業に勤めていました。だけど結婚を機に会社を辞めて、ほそぼそとファイナンシャルプランナーの仕事をしながら私と一緒に「木脇事務所」を立ち上げてくれました。

夫は効率良くサポートしてくれます。たとえば、駅伝の解説では参加チームが多く、各区間の選手を全員取材してデータにまとめるのは大変な作業です。その際には、私がノートに書いたメモを見ながら、一二時間くらいかけてレジュメを作ってくれます。区間ごとに選手一人ひとりのデータをコンパクトにまとめてくれるので、本番のレースでは誰が走ってもすぐコメントできるのです。

世界陸上やオリンピックなど国際大会では、初めて知る海外選手もいるので、木脇の迅速な情報収集で本当に助かっています。どんな場においても、彼の頭脳が私に足りない部分を補ってくれるので、ビジネスパートナーとしても良いコンビになりました。

お互いにちゃんと褒め合う

私が結婚生活の中で学んだのは、お互いの家族や友だちを大切に思う気持ちがとても大事だということ。これは、忘れないようにしたいと思っています。たとえば、前にも書きましたが、私には小六の甥っ子がいるのですが、誰よりも彼を遊ばせるのが上手なのが夫です。ちょっとした箱でおもちゃを作ったり、部屋の中でできるゲームを思いついたり、子どもの気持ちになって遊ぶので、甥っ子も「ユウちゃんと一緒にいるとすごく楽しい」となついていて、弟夫婦も喜んでくれます。

今、千葉の実家では父が母の介護をしているのですが、母の調子がすぐれないときは夫が真っ先に車で駆けつけてくれます。うちの母も、せっかちな娘といるよりも、穏やかな彼が傍にいてくれるとホッとするようです。

私以上に甥っ子や両親を気遣ってくれる様子を見ていると、私ももっと義理の母を大事にしなければと思います。彼の実家は宮崎なので頻繁には行けないけれど、「お母さん、元気?」と電話しては、体調を聞いたり、こちらの生活を報告したり。母親と息子では照れくさくて口にできない気持ちも、女同士だから話せることがあります。

長年一緒に暮らしていると、お互いのことに無関心になりがちですよね。人生案内でもそんな悩みをよく聞きます。私は夫婦であっても、相手をちゃんと褒めることが大事だと思っています。木脇は早くに父親を病気で亡くし、義母は女手ひとつで息子二人を育てた気丈な人。それぞれ自立している家族関係なので、彼は家庭で褒められることに慣れていません。でも、私はおばあちゃんから「アケちゃん、すごいね」と言われて育ち、父と母も私が出るテレビを見ては「良かったよ」と褒めてくれるから、どんなときも頑張れた。だから、家の中でも「ユウちゃん、すごい!」とよく褒めるんです。

私が仕事に集中できるのは、夫の支えがあるから。彼に会うまでは一人で何もかも抱えるストレスが大きく、消耗していました。もっと頑張れるはずなのに、どうしてこんなにエネルギーを吸い取られちゃうんだろう、と。自分でも「結婚はもういいや」と気負いがなくなっていた年齢で、人生のパートナーとめぐり会うことができたのです。

私にとっては、最高の掘り出し物でしたね。今はこの幸せを、もっと世のため人のために活かしていかなければと思っています。

一〇〇パーセント、全力投球

自分が好きなことをしているときは、無理なく自然体でいられるもの。私は好きなことを仕事にできているから、オンとオフの切り替えもあまり意識していません。今はスポーツ以外の世界もどんどん広がって、ナレーションの仕事では新しいことにチャレンジする楽しさを味わっています。

たとえば、テレビ番組『サタプラ』の「幸せいっぱい！自己流ライフ」では、憧れの土地に移住して、幸せいっぱいに暮らしている人たちの生き方にふれてきました。『世界！ニッポン行きたい人応援団』（テレビ東京）では、「カレー」「和牛」「たこ焼き」などニッポンの食を愛する人、「琴」「竹細工」「墨絵」といった伝統芸能や工芸に憧れる人たちが登場。ナレーターを務める私もワクワクしながら体験する気分を満喫しています。

さらに今年の夏にスタートしたNHK・Eテレの『はなしちゃお！』は、すごいチャレンジです。男女の性にまつわる疑問を意外な学問で深掘りするという番組。「生理」「男の下着」「セックス」「春画」といったテーマを、生物学や歴史学、社会心理学などでひも解いていくんですね。

台本を読んでいても耳が赤くなりそうですが、その企画を持ってきたのが若い女性のディレクターさんと聞いてびっくり。私も「まだまだ、挑戦！」と引き受けました。最近は何か失敗しても落ち込まないし、この年になると「それも、すべて私」と思えるから、新しいことにチャレンジするのは全然怖くありません。

昔は、何かする前から良い結果を求めて、必要以上にプレッシャーを感じてしまっていました。でも、ある人から「良い結果は、生きていてハッピーだと思えるときに自然に生まれるもの」と言われたのです。それからは結果を気にせず、一〇〇パーセント、全力投球。今その瞬間を一所懸命楽しもうと思えるようになりました。

ポジティブな思考になるためにお勧めしたいトレーニングがあります。生活の中で感じた〝プラス〟の感情を声に出す習慣を作ってください。「今日はいい天気」「このパン、美味しい」と身近なことでもいいし、「あなたの笑顔はすてきね」と褒める言葉でも。最初はぎこちなくても大丈夫。繰り返すことで、自分の心もその言葉に染まっていきます。

座右の銘は「知好楽」

私の好きな言葉は「知好楽」。「之を知る者は、之を好む者に如《し》かず。之を好む者は、之を楽しむ者に如かず」という論語の教えが、大切な座右の銘になっています。

ひとつのことに打ち込むとき、そのことをよく知っているのは素晴らしいけれど、それを好きでやっている人のほうが勝っている。さらに好きでやっている人よりも、楽しんでいる人のほうが良い結果につながるということです。今、メジャーリーグで活躍している大谷翔平さんも、まさに「知好楽」ですね。

東京オリンピックで特に印象に残ったのは、選手の皆さんの「本番を楽しむ」姿勢です。女子競泳の二〇〇メートル、四〇〇メートル個人メドレーで金メダルを獲得した大橋悠依さん。卓球の混合ダブルスで金メダルを獲得した水谷隼さんと伊藤美誠さん。伊藤さんはシングルス準決勝で敗戦後も女子団体に向けて「楽しみたい」と。その境地に達するまでに、どれほどの練習を積み重ねてきたことでしょう。

自分自身を振り返ると、二〇歳で出場したオリンピックは「知」で終わっていたのです。暑さ対策で失敗して、体調も良くなかった。それでも「四〇キロ走を二回やっているから大丈夫」と言い聞かせて大舞台に臨んだけれど、楽しむというところまで行けず、失敗に終わってしまいました。

他の選手を取材するようになってわかったことは、メダルを獲っている人は「知好楽」だということ。好きだからこそすごく長い時間をかけて努力ができて、自信をつけていく。あとは本番を楽しもうという境地になれるのでしょう。

日々の競技生活を見ていても、私たちの時代の修行僧のような悲壮感はありません。駅伝の強豪、青山学院大学の原晋監督が言っていたのは、今どきの選手たちは競技生活が楽しくないとやめてしまうと。だから、いかに楽しく競技生活を送り、走ることを嫌いにさせないかということを考えるそうです。

今は強いチームほど明るくて、私が「調子はどうですか?」と聞くと、「おかあさん

（MAMA＝まあまあ）だよ」なんて、監督のゆるい親父ギャグに笑わされることも。選手たちは明るいムードの中で厳しい練習に立ち向かっていくんですね。

やるだけのことをやって、あとは楽しむ

日々の仕事でも「知好楽」を大事にしています。たとえば、講演会では自分が伝えたいことをしっかり準備して臨みますが、本番直前には「この九〇分間を楽しもう」と。気持ちをリセットしてから、スタートを切ります。

朝ドラ『ひよっこ』でナレーションを始めた頃は、これを成功できたら次につながると気負うあまり、心に余裕がありませんでした。でも、ディレクターに「そんなに気取って読まなくても、いつも通りでいいですよ。小ネタを言うみたいに」と言われ、「そうだ、私、楽しんでないな」と気づいたのです。きちんとしゃべらなきゃいけないと肩に力が入りすぎると、テレビを観る人は穏やかな気持ちで楽しめないですよね。

オリンピックなどの大会でスポーツボランティアの活動を見ていても、「知好楽」という言葉が思い浮かびます。競技のことをよく知って、それを好きになり、自分も楽しんでいる。その笑顔を見て、私たちもエネルギーをいただくのですね。

2012ロンドンオリンピックの会場では、陽気に踊りながら選手を応援したり、警備の人も「エンジョイ」と書かれた帽子をかぶって観客を案内したり。ボランティアの人たちも一緒に楽しんでいる姿が印象的でした。温かな気持ちが伝わるからこそ、一体感が生まれて素敵な空間になるのでしょう。

何事においても「知好楽」、いつも心に留めています。本番を楽しむためには、相当準備をしなければいけないし、自信がないとやっぱり自然体ではできないものです。だから、やるだけのことをやったら、あとは本番を楽しむ。そんな心の余裕をもつことが良い結果にもつながると信じています。それは仕事でも、日々の生活でも、たえず大切にしたいことです。

エピローグ

新たなステージで夢を走り続ける

東京オリンピックのマラソン解説

　女子マラソンの選手たちがスタートする瞬間、私も胸が高鳴ります。幾度となく見てきた光景ではあっても、その度ごとに高揚する思いがあります。なおのこと緊張したのは東京オリンピックの女子マラソン当日、レース直前でした。

　二〇二一年八月七日、札幌大通公園のスタート地点。晴れわたる夏空のもと、午前六時の号砲を前に八〇人以上の選手が並んでいます。私は数日前に札幌のコースを試走し、本番は東京・有明の国際放送センターで中継映像を見守っていました。

　ところが、あと三分ほどでスタートというときになっても、日本の三選手の姿が見えません。後から聞くと、彼女たちはゼッケンに細かな穴を開けすぎて、外国人の審判に「これは違反だからやり直してきなさい」と指示されたとのこと。なぜ穴を開けたかというと、ユニフォームは通気性の良いものを着ていても、紙のゼッケンを上に付けると通気が悪くなるからです。本来はゼッケンが見えさえすれば穴を開けてもいいので、審判が間違っていたのに、真面目な選手たちはスタート直前に付け直したそうです。

私がもし選手だったら、それだけでも脈が二〇〇くらいに上がってしまうでしょう。スタートには間に合ったのでホッとしましたが、オリンピックの大舞台では何が起きるかわからないので緊張します。

マラソンの解説をしているとき、私はいつも選手と並んで一緒に走っているような気持ちでいます。心の中で一人ひとりに声援を送りながら、四二・一九五キロのゴールを目指す。私にできることは、力の限り選手たちの姿を伝えることです。

東京五輪はコロナ禍で一年延期となり、開催も危ぶまれる中で選手たちはトレーニングを続けてきました。私も取材するのは難しく、PCR検査の証明書を持って、合宿先へ行ったり、郷里の実家を訪ねたり。そこで見てきた練習の日々や家族の愛情を胸に刻み、レース本番ではきちんと伝えようと思っていました。

一山さん、鈴木さん、前田さんと、健闘した選手たちのフィニッシュを見届けたとき、一緒にゴールの喜びに満たされました。自分の解説にも後悔はありませんでした。

スタートラインに立つ思い

初めて小説を書いたのは二〇〇七年、『カゼヲキル』という三部作でした。主人公はタータンのトラックさえ走ったことがない、田舎の中学二年生。その少女が陸上競技と出合って練習に励み、やがて五輪のマラソン代表になるというストーリーです。

この物語で伝えたかったのは、マラソンでオリンピックや世界陸上などのスタートラインに立つまでに、少なくとも一〇年以上の歳月がかかるということ。最初は八〇〇メートルの選手だった少女が地道な努力を積み重ね、監督やチームメイト、家族に支えられながら、四二・一九五キロを走れるようになるまでの道のりを描きたかったのです。

スポーツはきれい事ではすまないというのが、私の持論です。世界の舞台で活躍する人も、初めから人格者だったわけではありません。私自身、選手の頃は同じ屋根の下で暮らすライバルが気になって気になって、彼女のお茶碗にご飯をぎゅうぎゅう詰めに盛って、太らせようとしたことがあります。〝ああ、こんな自分は嫌だ、醜い〟と思いながらも感情を抑えることができませんでした。だけど、失敗や挫折を経験するなかで自分に足らないものに気づき、ライバルへの気持ちも変わっていったのです。

本の完成までには二年半くらいかかりました。マラソンを走っちゃったほうが楽だなと思いましたが、長編の執筆は初めてで、すごい達成感を味わいました。

私が生まれたのは一九六四年。東京オリンピックが開かれ、日本中の人たちがマラソンや体操、バレーボールなどのメダル争いに声援を送った時代です。南房総の田舎で育った私は中学で陸上競技と出合い、高校ではすべての日本記録を塗りかえて、女子長距離ランナーの頂点に立ちました。二〇歳のとき、ロス五輪で正式種目になった女子マラソンに出場。しかし、本番のレースは途中棄権に終わり、その苦しみを乗り越えるなかで再起をかけてマラソンに臨み——本書で記したとおりです。

現役生活を引退し、スポーツジャーナリストという新たな世界にチャレンジしたのは二八歳のとき。そこからまたさまざまな失敗や仕事の難しさにぶつかりますが、ランナー時代に経験した挫折や苦悩が支えになりました。

マラソンの選手時代に学んだのは、目標に向かって着実に準備を重ねていく根気と、「あきらめてはいけない」という粘り強さ。その結果が成功につながるとは限らない厳しさもあります。マスメディアの世界に入ってからは、自分の言動が独り歩きし、「私はこんな人間じゃないのに」と人格まで疑われるようなことを書かれた辛い経験もあります。そんなときは、ランナー時代に非難され、屈辱に耐えた日々を思い出します。「あれを乗り越えてこられたんだから……」と。ひどく落ち込んでも、立ち直りの早さには自信がつきました。

今では「こまかすぎるマラソン解説者」といわれ、小ネタを盛り込むことが持ち味になっています。マラソンのスタートラインに立つまでには、地道な練習の日々があり、それを支える家族や大切な人たちがいる。私のなかでは「選手の前に人である」という思いもあり、その人らしさが伝わる「小ネタ」を大事にしてきました。

マラソン解説にひと区切り

東京オリンピックが終わったところで、私はマラソン解説の仕事にひと区切りをつけることにしました。正直なところ寂しさはあるけれど、以前から引き際を考えていたのです。

「元ロス五輪代表」として三〇年近くマラソン解説をしてきましたが、その間に日本の女子マラソン界は大きく変化しています。有森裕子さん、高橋尚子さん、野口みずきさんがオリンピックでメダルを獲得。千葉真子さん、土佐礼子さん、渋井陽子さん、福士加代子さん……と、強い選手たちが次々に登場しました。

マラソン解説も、私が長くやっているとどんどん詰まってしまいます。後に続く人たちにバトンタッチ、どんどん活躍してほしいと思います。だから、オリンピックや世界陸上などの大舞台を離れることを決めました。

今年は世界陸上に行かなかったのですが、ある番組の前にメイクさんに聞かれてその話をしたところ、「増田さんの解説は伝統芸能です。人間国宝になるまで続けてほしい」と言われ、すごく可笑しかった。嬉しかったですね。もちろん現場は大好きなので、東日本女子駅伝や北海道マラソン、クロスカントリーなどの解説はお声がかかれば続けていくつもりです。

そして私自身もまた先へ進もうと思っています。実はトヨタ自動車の研究所に勤務している弟からもずっと「姉ちゃん、いつまで『マラソン解説の増田明美』なんだ?」と言われていたのです。弟は子どもの頃から、私が男の子と喧嘩しているのを見ていました。そして今でも、「お姉ちゃんは負けなかった」と言うのです。私のあり余るエネルギーを知っているので、もっといろいろできるだろうと思っていたようです。

さらに京都大学教授の山中伸弥さんとお会いしたとき、「ビジョン・ワークハード」という言葉を大事にしていると伺ったことも、決断の後押しになりました。山中さんがアメリカ留学時代に先生から教えられた言葉で、「常に自分のビジョンを持ち、ワークハードを続ける」ということ。私も五〇代から六〇代へ、さらに「ビジョン・ワークハード」の精神で進むときなのだと思います。

人のために生きること

今、私がやりがいを感じているのは、パラスポーツを支えていくことです。

これまで培ってきた取材力を活かし、競技はもちろんのこと、アスリートとしての魅力を伝えていきたいと考えています。選手たちは進化したいという意欲が強く、競技に懸ける姿勢は凄まじいほどです。義足や車いすなど道具もどんどん改良されて、技術の進化も目覚ましいものがあります。

日本パラ陸上競技連盟と日本知的障がい者陸上競技連盟の会長をしています。さまざまな大会を観ていて感じるのは、競技場の中に共生社会があるということ。義足、車いす、視覚障がい、知的障がいの選手たち、彼ら彼女たちの競技力の高さには驚かされます。さまざまな困難を乗り越えてきた人間力も加わり、観ている人に勇気を与えてくれる。コロナが収束したら、ぜひ多くの人に競技場に足を運んでほしいと思います。

東京パラリンピックの効果は大きく、学校でのパラ教育も進みました。私の甥っ子も、おばあちゃんが歩行器の生活になったとき、「ばぁばもボッチャの選手になれば？」と勧めていて微笑ましかったです。そんな子どもたちが大人になる頃には、多様性というものが自然な形で社会に広がっているのではないでしょうか。

東京パラリンピックから一年以上が経ち、最近はメディアの関心も薄れ、応援してくれるスポンサーも減りつつあります。選手たちが競技を続けられるように、スポンサーの確保も欠かせません。私自身、ボランティアでやっている大変さはありますが、「人のために生きる」という気持ちになると不思議とエネルギーが湧いてきます。

二〇二四年には神戸で世界パラ陸上競技選手権大会が開催されます。翌二五年には、聴覚障がい者のスポーツの祭典「デフリンピック」も東京開催が決まりました。東京パラのレガシーがより受け継がれていくように、ますます頑張らなければと思っています。

人生のチャレンジは続く

スポーツの世界を超えて、新たにチャレンジしたいこともあります。それはラジオという媒体を通して、より多くの人たちに伝えることです。私にとってラジオは、見知らぬ街や人との出会いにつながる扉を開けてくれたもの。その幸せを教えていただいたのが永六輔さんでした。

三月、二〇二一年度の「放送文化賞」をいただきました。この賞はＮＨＫが主催し、毎年放送文化の向上に貢献した人に贈られるそうです。美輪明宏さん、ピーター・バラカンさんなど六人の受賞者の一人に選ばれ、〝本当に私でいいの？〟とびっくり。アトランタから東京まで七大会連続でオリンピックの解説者を務め、東京パラリンピックでも解説やスタジオ出演で視聴者に伝えたこと、朝ドラ『ひよっこ』のナレーションなどの活動が評価されたと聞いて、とてもありがたく思いました。

なにより嬉しかったのは、尊敬する永六輔さんも三〇年前に受賞されていることです。当時、永さんは五八歳。今の私と同じ歳だと知って、胸が熱くなりました。

この本で書いたように、同じラジオ局で番組を持っていらした永さんは、失敗を繰り返して落ち込む私を気にかけ、いろんな話を聞かせてくださいました。

「自分が会いたい人、興味のある事柄については現場へ行きましょう。五感で感じたことを、ありのままに自分の言葉で話すといいですよ」

永さんからいただいたアドバイスは今も私の仕事のベースになっています。さらにこんな教えも受けました。

「取材というのは『材を取る』と書くでしょう。だから、人前で話すときは、元になる材料を仕入れておかなければいけません」と。

一九九三年に世界陸上の解説という初めての大役を受けたとき、私はそのアドバイスをもとに、出場選手を徹底取材して得た情報をフルに活用して本番に臨みました。すると、レース後に、永さんは「増田さんの解説にも金メダル！」と新聞のコラムに書いてくださったのです。

その「金メダル」を胸に、スポーツジャーナリストとして歩んできた三〇年。あらためて振り返ると、やはり山あり谷あり失敗の繰り返しでした。それでも前向きにチャレンジしたことは、たとえ失敗してもすべて栄養になり、今の私を支えてくれています。

私の中では本当におこがましいけれど、尊敬する永六輔さんをずっと目指してきました。引き出しの量はとても及ばないけれど、これまで取材に注いできたエネルギーを費やして、また新たなことにチャレンジしたい。そのひとつがラジオの仕事です。

今や人生一〇〇年といわれる時代。人生をマラソンにたとえれば、五〇代の私はまだ折り返し点を過ぎたばかりでしょう。その先にどんなステージが待っているのか。これからも「知好楽」の気持ちを忘れず、人生のマラソンロードを楽しみながら夢を走り続けていきたいと思います。

ラクレとは…la clef=フランス語で「鍵」の意味です。
情報が氾濫するいま、時代を読み解き指針を示す
「知識の鍵」を提供します。

中公新書ラクレ
776

調《しら》べて、伝《つた》えて、近《ちか》づいて

思《おも》いを届《とど》けるレッスン

2022年11月10日発行

著者……増田明美《ますだあけみ》

発行者……安部順一
発行所……中央公論新社
〒100-8152 東京都千代田区大手町 1-7-1
電話……販売 03-5299-1730　編集 03-5299-1870
URL https://www.chuko.co.jp/

本文印刷……三晃印刷
カバー印刷……大熊整美堂
製本……小泉製本

Published by CHUOKORON-SHINSHA, INC.
Printed in Japan　ISBN978-4-12-150776-1　C1295

中公新書ラクレ　好評既刊

L568　増補版 箱根駅伝
――世界へ駆ける夢

読売新聞運動部 著

箱根駅伝は、今や日本の正月に欠かせない風物詩ともなった学生スポーツの花形。世界に名だたる「EKIDEN」の代名詞ともいえる存在だ。90年以上の歴史の中で多くのドラマも生まれた。箱根駅伝を見つめ続けた読売新聞運動部記者たちが、名ランナーたちの活躍や試練など胸を熱くする歴史をさまざまな角度から綴った。さらに、2016年のリオ五輪報告、2020年の東京五輪を見据えた情報を加筆して駅伝ファンに届ける。

L764　子どもを壊す部活トレ
――一流トレーナーが教える本当に効く練習方法

中野ジェームズ修一 著

フィジカルトレーナーとして青学駅伝チームを優勝に導いた立役者の一人である著者が、日本の学生たちに伝えたい本当に効果のある練習方法と勝つためのトレーニングやケアの仕方。「全員で同じ練習をこなすのは無理がある」「アキレス腱のばしの準備体操には意味が無い」「負けた試合を振り返るのは逆効果」など、目から鱗の情報も満載。今まさに部活動に勤しんでいる若者たちはもちろん、親や家族、コーチ、教育関係者にも役立つ一冊。

L773　歩きながら考える

ヤマザキマリ 著

パンデミック下、日本に長期滞在することになった「旅する漫画家」ヤマザキマリ。思いがけなく移動の自由を奪われた日々の中で思索を重ね、様々な気づきや発見があった。「日本らしさ」とは何か？　倫理の異なる集団同士の争いを回避するためには？　そして私たちは、この先行き不透明な世界をどう生きていけば良いのか？　自分の頭で考えるための知恵とユーモアがつまった1冊。たちどまったままではいられない。新たな歩みを始めよう！